CÓMO LLEGÓ A SER GRANDE CARLOS ZAMBRANO

CÓMO LLEGÓ A SER
GRANDE
CARLOS ZAMBRANO

Pedro E. Miranda Torres

CÓMO LLEGÓ A SER
GRANDE
CARLOS ZAMBRANO

Cómo llegó a ser grande Carlos Zambrano...
Una publicación de Tommy Miranda Ministries

ISBN: 978-1-60078-100-1

Primera edición 2007

No se autoriza la reproducción de este libro ni de partes del mismo en forma alguna, ni tampoco que sea archivado en un sistema o transmitido de manera alguna ni por ningún medio, ya sea electrónico, mecánico, fotocopia, grabación u otro, sin permiso previo del autor por escrito, con excepción de lo previsto por las leyes de derechos de autor en los Estados Unidos de América.

Copyright© 2006 por Pedro Miranda
Todos los derechos son reservados.

Editor
Armindo Núñez

Maquetista y tipógrafa
Patricia Soler

Diseño de portada
Nephtali Colón
Twelve Tribes Design

Foto de Wrigley Field tomada de Shutterstock.com

Categoría: Motivacional

Impreso en Colombia

A Dios que hace nuevas todas las cosas.

*A las decenas de millones de inmigrantes,
que luchan por la justicia en la diáspora
y no se olvidan de sus raíces.*

*A Puerto Cabello y su gente,
por hacer posible esta historia.*

*A la ciudad de Chicago,
por recibir y amar al Toro y su familia.*

*A mis padres, Elsa y Cucho, por enseñarme
el verdadero valor del deporte y la vida.*

*A mis hermanos, Tommy y Kathy,
por ser luz en mi camino.*

*A mis hijos, Emanuel Ernesto, Andrea Ester y
Daniel Josué, por quienes vivo y respiro.*

AGRADECIMIENTO

En primer lugar, agradezco a Tommy Miranda porque creyó que ésta es una historia que vale la pena contar al mundo. Además, creyó que mi persona podía cumplir con la tarea, motivó cada momento y proveyó todo lo necesario para que estas páginas llegaran a la vida de muchas personas en el Caribe, Sudamérica y Estados Unidos. Tú, junto con el Dios de la vida, son los autores intelectuales de este esfuerzo. Tu fe en que el testimonio del Toro tiene algo que aportar al mundo y la vehemencia de tu compromiso, inyectan esperanza al más retraído de los pesimistas. Muchas gracias, porque sin ti nada de esto hubiese sido posible.

En segundo lugar, agradezco a Carlos Zambrano, el Toro de Venezuela. La humildad, veracidad y constancia de su testimonio es lo que sirve de fundamento a esta historia. Su decidido apoyo y colaboración, su accesibilidad cristalina hacen olvidar a quien comparte con él, que es toda una estrella en el mejor béisbol del mundo. Igual respaldo recibimos de toda su familia, sus amigos y de toda la comunidad que lo vio nacer y crecer hasta los 16 años, cuando salió de su tierra bolivariana por primera vez. A todos ustedes, Puerto Cabello querido, muchas gracias por ser parte de este noble esfuerzo. En particular, Vitico, hermano de Carlos, quien en todo momento, estuvo pendiente de que tuviéramos lo necesario para el proyecto del libro. También, agradezco a Ismari, la esposa de Toro por su humildad y compromiso en colaborar con el proyecto, en particular al relatarnos su historia de amor con el Toro. Gracias a Julio Figueroa por haber sido mano de Dios para Carlos y haber creído en sus posibilidades cuando nadie creyó.

En tercer lugar, agradezco a aquellos amigos que tomaron de su tiempo para leer los diferentes borradores. Al autor y editor puertorriqueño Armindo Núñez Miranda por un trabajo de excelencia; al Dr. Juan "Tito" Meléndez y a mi primo segundo Ing. Owen Martínez, por sus meticulosas observaciones y sugerencias; a Ana D. Martínez Gutiérrez, compañera en la Compañía de Turismo de Puerto Rico, por su desinteresado apoyo en la transcripción de algunas entrevistas. También, agradezco a Nephtali Colón y a Patricia Soler por su excelente trabajo de arte gráfico; y al fotoperiodista Stephen Green, por su desinteresada disponibilidad al obsequiar algunas de las fotos. De igual modo, agradezco a la pronta disponibilidad del reconocido cantante cristiano latino Marcos Witt, para colaborar en la redacción del prólogo.

A todos ustedes, a Dios que renueva nuestras esperanzas, y a aquellos, cuyos nombres no están escritos en estas líneas, pero que son colaboradores, vaya mi más profunda expresión de gratitud.

*Dios bendice a los que confían totalmente en él,
pues ellos forman parte de su Reino…
(Evangelio según San Mateo 5.3)*

El blanco lanzó un bufido quejumbroso,
huyendo despavorido
entre la algarabía jubilosa del peonaje.
El jincho vibrante
de emoción gritaba a voz en cuello:
"toro jaiba, toro mañoso, toro de cría…".

Abelardo Díaz Alfaro
El Josco

TABLA DE CONTENIDO

Prólogo 17

Introducción 19

Capítulo 1
El fundamento 25

Capítulo 2
Sinopsis de la vida del Toro 31

Capítulo 3
Orígenes, según el Toro 41

Capítulo 4
Fotos 77

Capítulo 5
Primeros pasos 87

Capítulo 6
Su llegada a la gran urbe 109
    El incidente con Barry Bonds 125
    Ser fanático, la familia
    y la espiritualidad del Toro 131

Capítulo 7
La bola, el bate y el guante 143
    Herramientas para líderes
    dentro y fuera del terreno del juego 145

Capítulo 8
Novena Entrada (Palabras finales) 155

Capítulo 9
Estadísticas 161

PRÓLOGO

Conocí a Carlos después de un concierto que ofrecí en la ciudad de Chicago. Desde el primer momento que lo vi, pude comprobar que poseía un cierto "algo" especial que lo distinguía. Obviamente, su estatura física lo hace sobresalir en cualquier lugar, pero no era sólo eso. Era la forma en que trataba a las personas que se le acercaban para pedirle una foto o un autógrafo. Era esa expresión de genuino interés, que mostraba a cada persona que hablamos con él esa noche en los camerinos de aquella arena. Su humildad y amor por las personas eran sobresalientes. Esa noche lo supe: ¡Éste es un gran hombre!

Confieso que la noche que nos presentaron, yo desconocía sus estadísticas beisbolísticas y los grandes logros que ha obtenido en las Grandes Ligas. Sin embargo, a pesar de que sus logros son notables, éstos no me hubiesen impresionado tanto como su humildad y amor por el Señor. La verdadera grandeza de un hombre no se encuentra en sus logros y hazañas, sino en el tamaño de la virtud que habita en su corazón y espíritu. En Carlos, pude percibir un gran depósito de la presencia del Señor.

Ha sido un privilegio mantener su amistad a lo largo de los años, y ver cómo Dios lo sigue levantando y usando para tocar muchas más personas. Carlos impacta, positivamente, sus vidas por medio de todos los programas que ha comenzado, con el propósito de que las personas conozcan el verdadero amor de Dios.

A lo largo de estas páginas, conoceremos a un hombre que ha sabido pagar el precio para estar en el lugar donde hoy se encuentra. Un hombre que tiene claras sus prioridades, que vive por lo eterno y no lo temporal. Mi deseo es que su vida sea de inspiración para que muchas personas conozcan que la razón de vivir, se encuentra en una relación personal con nuestro Señor Jesús. Estoy seguro de que este libro será un instrumento más para que muchos sean llevados a la luz.

¡Dale duro, Toro!

Con sincero afecto,

Marcos Witt
Houston, TX
Febrero 2007

INTRODUCCIÓN

El tiempo y sus secuelas nos demuestran cómo Dios se enaltece por medio de personas que se destacan en las artes y el deporte. Si nos acercamos al béisbol de las Grandes Ligas vemos que algunas estrellas han abrazado el evangelio y han guiado a otros para que profesen la fe en Cristo. Por ello usan gesticulaciones, declaraciones y testimonios para destacar que sus logros responden a la presencia del Todopoderoso en sus vidas.

Es evidente que todo espacio del universo es sagrado, y el deporte, como cualquier otra manifestación humana, está al alcance y bajo la acción de la divinidad. En un mundo, prácticamente, ausente de líderes sensibles y provechosos, constituye un regalo del Creador la presencia de este joven nacido y criado en un lugar sellado por la escasez y los obstáculos que elevó su bandera de esperanza para afirmar que siempre existen posibilidades de bendición, éxito y abundancia, en el mejor sentido de la palabra.

Se trata de Carlos "el Toro" Zambrano, una de esas luminarias que desde los lugares más recónditos e inesperados, ha demostrado una fe poderosa que entusiasma para revelarle al mundo que es posible tener confianza en medio de cualquier carencia, ya sea material, emocional o espiritual.

Agradar al Señor es el principal propósito en la vida del Toro. Ha sabido recibir la misericordia divina para beneficio del Reino, al cual sirve con ahínco y devoción. No ha decidido jactarse de sus triunfos para que todos comprendan que "el poder viene de Jesucristo". Así lo demuestra cuando comentó en la Navidad del año 2005:

"el próximo año voy a ganar el *Cy Young* y pondré el trofeo en la parte delantera de mi camioneta con un letrero que diga: Gloria a Dios".[1] Asimismo, sus hermanos señalan que "el Salvador ha sabido a quién darle la gloria de entre todos nosotros, y él (Carlos) ha sabido a quién glorificar" –palabras del tercero de sus hermanos: Víctor Zambrano–.

El desarrollo de Carlos, como el de varios peloteros venezolanos, no se da en el vacío. En términos políticos, Venezuela vive uno de los momentos más críticos en su relación con Estados Unidos, a la vez que desempeña un papel de liderato sin precedentes en la historia contemporánea de América y del mundo. Igualmente, en momentos de grandes tensiones, debido a los problemas migratorios de los hispanos que se mudan al llamado Norte estadounidense, no se puede obviar que el Toro es un hispano con éxito en esa nación de sangre multiétnica.

Por otro lado, el deporte se encuentra en una coyuntura muy controvertible y difícil en lo que respecta a la ética profesional de los atletas, relacionada con su preparación física y los afanes de los campeonatos. Se mencionan nombres de estrellas que han defraudado a su fanaticada y al deporte, debido a un pobre sentido de justa competencia. Esta triste realidad ha hecho necesario que las organizaciones deportivas tomen medidas cada día más drásticas y rígidas para protegerse de la ambición de unos pocos por obtener la notoriedad lograda mediante una estimulación fisiológica ilegal.

Esta situación tan lamentable ha requerido la intervención de algunos dirigentes de las ligas profesionales, del

---

[1] Pasada la temporada 2006, aunque no obtuvo el codiciado premio, estuvo entre los aspirantes, al exhibir una excelente temporada.

Congreso de Estados Unidos y de organismos internacionales que han investigado sobre el uso de esteroides anabólicos y por ello han adoptado disposiciones que penalizan dichos actos. Tanto la fanaticada como ciertos familiares de los jugadores exaltados al Salón de la Fama han expresado su consternación ante los nuevos registros estadísticos de cuestionable validez.

El deporte está en crisis en este aspecto, y lograr restablecer la credibilidad en el fanático entusiasta de cada equipo es una tarea urgente. De igual modo es necesario resaltar el testimonio de aquellos peloteros que se han esforzado en su desempeño al descartar la seducción que supone la gratificación inmediata y la ilegalidad.

No obstante, en el béisbol hay muchos peloteros que no se avergüenzan de su fe y la practican para beneficio del deporte y de sus propias vidas, lo que parece ser un signo de avivamiento. La juventud necesita con premura modelos que representen los más altos valores de fe, justicia, superación y solidaridad.

Zambrano representa con su testimonio una visión nueva de reconciliación, motivación, superación y esperanza para nuestro tiempo. Sus orígenes, su desarrollo individual, la manera en que supo manejar todas las adversidades y la forma en que se han dado los acontecimientos de triunfo en su vida hacen de este libro una lectura obligada para aquellas personas que buscan una guía de superación cotidiana.

El Toro, como lo conocen en la tierra de Bolívar, es una estrella del béisbol organizado en las Grandes Ligas para los Cachorros de Chicago. Lo acompaña un excelente historial estadístico: ha sido el lanzador más estable y consecuente del equipo en los pasados cinco años; el único que en un año ha bateado de cuadrangular a ambos lados del plato, tuvo seis en el 2006 cuando se agenció su primer bate de plata[2]; tiene la quinta efectividad más baja de las mayores; fue bateador de .300 en el 2005 y posee una de las rectas más difíciles de batear en la Liga Nacional. Pero él es, ante todo, un siervo de buenas nuevas.

Este libro muestra cómo fueron los orígenes de este discípulo de Jesús. Guiado por la fe, desde la penuria, el rechazo y la marginación, veremos sus primeros pasos; los procesos que lo llevaron a su firma como profesional; sus luchas en las Ligas Menores y su llegada al Wrigley Field.

Finalmente, se presentan en forma esquemática, algunas de las claves que han guiado el éxito y la bendición del Toro. En el último capítulo, se recopilan las estadísticas profesionales de su quehacer deportivo y un análisis comparativo con algunos de los lanzadores más extraordinarios de las Grandes Ligas.

Este apasionado del Evangelio nos revela su vida y sus retos así como sus frustraciones. Podremos observar cómo es que los peloteros latinos en Estados Unidos baten el cobre. Además, nos presenta maneras sabias para vencer, sin mirar las privaciones, sino la sola determinación de saber que con esfuerzo y fe "muchas cosas son posibles". Igualmente, nos invita a creer que los obstáculos de la vida pueden provocar nuestras mayores proezas. Y que, luego de alcanzada la meta, seremos capaces de mantenernos a la altura de un gigante de la fe.

Tanto creyentes como incrédulos, atletas y amantes de la pelota dura, aquellos a quienes no les interesan los deportes, los de carácter huraño igual que los de espíritu

---

[2] 2006. Lousville Slugger's Silver Slugger Award.

gregario, los latinos y gente de cualquier etnia y cultura, encontrarán aquí un extraordinario ejemplo de lo que es alcanzar simpatía, fortuna y fama entre los humanos, aunque manteniendo el equilibrio de aspirar a la más alta gracia que es vivir para la "gloria de Dios".

CAPÍTULO 1

EL FUNDAMENTO

"Lo necio del mundo escogió Dios para avergonzar a los sabios…".

La vida de Carlos Zambrano es la del águila que vuela en medio de la tempestad y, ante la fuerza contraria, asciende poderosa hasta llegar a la cima de los cerros y montañas.

Ninguno de su familia pensó que aquel muchacho inestable, agresivo y fogoso, lleno de fuerza bruta, y no por casualidad apodado desde muy temprano como Toro, se convertiría con el correr del tiempo en un atleta reconocido. Según él mismo relata, era "muy torpe para los deportes" y no muy aplicado en los asuntos académicos.

Viene del barrio Cumboto II, que es parte del tejido urbano de Puerto Cabello, ciudad del estado de Carabobo. Se trata de una pequeña comunidad de gente pobre, trabajadora y muy alegre, a minutos del puerto más importante de Venezuela. Existe otro Cumboto, el I, donde viven personas con mejores recursos económicos.

La familia Zambrano llegó a Cumboto II luego de haber sido desplazada de "la Isla", sector donde habían vivido por algunos años, y donde posteriormente se construyó parte del antedicho puerto caribeño. Según cuenta Saulo Zambrano, el progenitor de Carlos, "los tiempos en la isla eran de mucha escasez. Vivíamos en un rancho más o menos donde había problemas de agua. Ante la situación, el gobierno decide mover la comunidad y nos cede un espacio en Cumboto II".

Se dice que Puerto Cabello recibe su nombre porque los españoles, en tiempos de la conquista, al ver las aguas tranquilas del litoral dijeron que en ellas muy bien se podía amarrar un barco al puerto con un cabello.

En medio de esos contrastes de escenarios del trópico paradisíaco, del mar apacible y sosegado, de ciudad en desarrollo y de barrios de miseria y desventuras, nace y crece con vocación de escogido de Dios, el Toro de Venezuela, bajo la protección de sus padres Nora y Saulo y junto a sus otros seis hermanos varones: Johnny, Dennis, Víctor, Derwin, Yormis y Ermys.

En sus años de formación, Carlos no fue visto como alguien que pudiera llegar a ser un protagonista en el deporte. Cuando logró, por medio de su tenacidad, entrar a un equipo de béisbol no se le percibía con el potencial de ser un atleta notable, sino como alguien que saldría del banco a tomar parte en el juego durante las últimas entradas para asegurar la participación de todos los jugadores. Cuentan sus familiares y amigos que cuando participaba, él invitaba a familiares y amigos para que lo vieran jugar. Sin embargo, nunca lo llamaban al terreno de juego y se la pasaba sentado en el banco. Dicen que no tenía una mecánica apropiada y tiraba muy alocadamente. Aunque, eso sí, todos admiten que era muy fuerte.

Con el tiempo y mientras mejoraba en el arte del buen béisbol, cuando lo llevaron a un *try out*[3] por primera vez,

---

[3] Un try out es una evaluación en el terreno que realizan representantes de equipos de Grandes Ligas a jugadores con potencial de convertirse en profesionales.

gracias al apoyo de su familia y de su primer mentor, Julio Figueroa, no fue considerado como una figura principal. Cuando llegó al ojo de los escuchas y representantes de los equipos de Grandes Ligas, al firmar no le ofrecieron el dinero que se merecía. De hecho, cuando comparamos su salario con el de lanzadores estadounidenses de su generación notamos que éstos devengan sueldos más altos, a pesar de que llevan el mismo tiempo en las Grandes Ligas. Sin embargo, el Toro supera a muchos de ellos en las estadísticas de los últimos cinco años. Más aún, al finalizar la temporada 2006 fue un fuerte contendor al prestigioso premio Cy Young, aunque así no lo mostraran las votaciones.

Según su primer dirigente, José Guadalupe Alvarado, el equipo donde se inició el Toro se llamaba Carisma. "Entonces era un muchacho preadolescente. Recuerdo que le pregunté si quería jugar béisbol y me dijo que fútbol; pero hablé varias veces con sus padres y finalmente me dieron el permiso. Cuando le tiré como cincuenta pelotas y no le dio ni a un *foul*, me di cuenta que no tenía una destreza natural. En aquel momento, le dije que lo iba a probar como pitcher, porque ciertamente pensé que iba a ser pitcher. Es que cuando lanzaba, tiraba una recta más o menos fuerte…Verlo en Grandes Ligas ha sido algo maravilloso".

CAPÍTULO 2

SINOPSIS DE LA VIDA DEL TORO

"Para los que aman a Dios, todas las cosas ayudan a bien… los que actúan conforme a su propósito…".

Los orígenes de Carlos Alberto Zambrano Matos, mejor conocido como el Toro o como Z en la ciudad de Chicago, se remontan al desplazamiento del sector la Isla, ocurrido en la década del 1980, de donde mudan a su familia para el Barrio Cumboto II en la década de los 80, lugar donde hoy ubica uno de los puertos más importantes de Venezuela conocido como Puerto Cabello. El Gobierno de aquella época les cedió un lote de tierra con una casa de madera que apenas tenía tres cuartos para albergar un matrimonio con siete hijos.[4]

Cuenta Nora, la progenitora de los Zambrano Matos, que hubo días en que no tenían ni un real para comer y los niños lloraban porque no tenían comida. En momentos así, que no fueron pocos, su hermana Edesia Matos siempre estuvo pendiente de proveerles alimento, y gracias a que su esposo tenía un pequeño negocio de comestibles compartía con ellos sus reducidos abastos. Quizás por eso el Toro afirma con tanta certidumbre que Dios "aprieta… pero no ahoga".

Sin embargo no todo era escasez. Sus días de formación fueron tiempos sanos, sus juegos predilectos eran el futbolito o fútbol (soccer), el béisbol con "pelotica de

---

[4] Hoy día la casa cuenta con tres pisos y nueve habitaciones.

media" y, luego, los juegos de vídeo (los que todavía practica y disfruta como si fuera un niño). El terreno de juego era un solar desigual y tortuoso con una torre que servía de paisaje poco atractivo a la carretera principal de Cumboto II. Era tierra agreste, de pura piedra y maleza, pero también de diversión, tradición y cultura de barrio. No obstante, el Toro, desde muy temprano, sin ni siquiera haber participado en un equipo de béisbol, en la tierra de los caminos de su barrio invisible, mirando el solar desigual y tortuoso, contemplando la torre, la maleza y el cielo... y divisando a Dios, soñó "que sería grande". Al utilizar el palo de escoba y batear una pelotica e' media, soñó que algún día sería bate refinado para la victoria, y bola sellada con el logo *Major League*. Lo dijo sin saberlo, lo creyó sin verlo.

Carlos Alberto, que significa fuerza y nobleza, recibió los preceptos y enseñanzas cristianas, como todos sus hermanos, en el hogar y la escuela bíblica de la Iglesia Evangélica Pentecostal Monte Horeb en Puerto Cabello, bajo el pastorado efectivo del reverendo Manuel Colmenares. Toda la familia asistía religiosamente los domingos y días especiales a recibir la formación protestante que todavía permanece en la familia entera, ya que aún todos se congregan en la comunidad de fe de sus primeros días.

De niño siempre le interesó el deporte, pero como ya se ha dicho, por razones de precariedad económica no pudo entrar en un equipo organizado. Para entonces, su vida entera giraba en torno al barrio, el terreno de la Torre y la iglesia.

Ya en la adolescencia, ocurren situaciones muy formativas que marcarían la pauta de su desarrollo futuro. Por un lado, ingresó en su primer equipo de béisbol, llamado Carisma. Esta palabra tiene un valor muy importante ya que su raíz griega implica felicidad y se traduce como conceder gracia, favor gratuito de Dios.

Carlos creyó que en él había don de Dios para practicar el deporte del béisbol y por medio de eso llevar un mensaje de esperanza. Aun cuando nadie veía en él ni la sombra de algún potencial; aun cuando ni siquiera había dinero en su hogar para pagar la matrícula de un equipo.

Pero es que los dones no necesariamente están atados a las cualidades de personalidad o talentos innatos. Porque un don no es otra cosa que un regalo de Dios para ser gestionado a partir de un fin específico, es decir, la edificación. Por eso, el Orejón, un amigo de la infancia y compañero de clases manifestó con mucha sinceridad que "sus amigos abandonamos la dedicación por el deporte mismo que él nunca abandonó. Lo que logró fue por su empeño y dedicación. Nunca se rindió y echó pa'lante. No hablemos de talento…no. Él quiso y pudo. Y yo me siento parte de ese logro".

Después de su primera experiencia como jugador en las ligas infantiles de su barrio, el Toro continuó su desarrollo en las ligas juveniles de Puerto Cabello. Primero Junior, luego Pre-juvenil y más tarde Juvenil durante poco tiempo. Nunca despuntó como para ser visto como un candidato probable para las Grandes Ligas hasta que tuvo la oportunidad de lanzarle a un verdadero candidato en un juego de la categoría juvenil. Ya en las postrimerías del mismo, lo llamaron a lanzar. Con tal suerte que le tocaba el turno al bate al mejor bateador del otro equipo que, en efecto, era un prospecto. En las gradas, se encontraban su hermano Dennis y el reclutador y entrenador de lanzadores Julio Figueroa. Julio fue a ver, precisamente, a ese candidato a quien el Toro iba a lanzarle la bola en aquella entrada final. Carlos llegó a la lomita y luego de escuchar las críticas a las que estaba acostumbrado, hizo cuatro lanzamientos; suficientes como para propinarle un majestuoso ponche al bateador que estaba en la mirilla de todos.

Es en ese preciso momento que Julio, quien conocía a Carlos desde niño, se da cuenta que en él podía haber potencial para desarrollarse como pelotero. Según comenta el propio Julio, al momento de invitar y comenzar el entrenamiento con el Toro, no era consciente del potencial que tenía. Quiso ayudarlo pero sin poder precisar cuánto era lo que daba "el muchacho". No obstante, cuando comenzó a prepararlo fue objeto de muchas críticas de personas de la comunidad y amistades que, al verlo dedicarse al Toro, se burlaban constantemente. Esto no produjo retrasos, por el contrario, generó la fuerza para seguir con mayor ahínco en su desarrollo como atleta.

Una vez da inicio el entrenamiento y se produce un desarrollo ascendente del Toro en el deporte, a la misma vez surge un cierto desgano por participar en las actividades de la iglesia. Él mismo señala que para ese tiempo había perdido un poco el interés por congregarse. En este sentido, como muchos en la etapa de la adolescencia, abandonó un poco la comunidad de fe.

Para esa misma época, sus padres comenzaron un proceso de visitar varias iglesias, aunque al respecto nuestro personaje comentó que "aunque visitamos otras iglesias mi corazón nunca se apartó de Monte Horeb y de alguna manera siempre visitaba la iglesia. Llegó un momento que me independicé y empecé a ir solo a la iglesia, a pesar de que tenía como 8 ó 10 miembros y estaba a punto de cerrar". Al hablar de esta experiencia finaliza admitiendo que "en el fondo sentía que mi vida sólo estaría completa estando con el Señor".

La grey de Monte Horeb y su pastor Manuel Colmenares supieron enfrentar esos desafíos. En ese momento surge un movimiento dentro de la iglesia llamado los Exploradores del Rey.[5] Allí se fundó un capítulo que sirvió para motivar a toda la juventud que allí se congregaba a involucrarse en esta iniciativa. De acuerdo con el propio Toro, mientras dialogábamos con el Comandante Freddie que hoy es su ayudante en el *Cyber Bull Café*, "los Exploradores me ayudaron a mantenerme unido a la vida de la iglesia". Aquellos muchachos tenían que recaudar fondos para sus viajes y actividades. Entre las actividades de recaudación se vendían panes de guayaba y bolsas de basura. Dicen sus contemporáneos que el Toro vendía una parte y se comía la otra; siempre sus primas hermanas maternas lo cubrían en los costos de los viajes, porque notaban su esfuerzo. También, recuerda que su Comandante lo ponía de pareja de Ismari, aun cuando no se llevaban el uno con el otra y viceversa. En uno de los viajes de campamento que hicieron los Exploradores del Rey fue que Carlos e Ismari se conocieron más profundamente y, posteriormente, se confesaron su amor.

---

[5] El movimiento de los Royal Rangers (su nombre original en inglés) es un ministerio diseñado para alcanzar, enseñar y retener niños y jóvenes para Cristo. Fue creado por las Iglesias Asambleas de Dios en el año 1962 y ha crecido, tanto en Latinoamérica como en Estados Unidos. Actualmente, existen más de 250,000 Royal Rangers en ese país, y este número continúa creciendo.

La iglesia de Monte Horeb fue capaz de ampliar su concepto de espiritualidad para ser pertinentes a los adolescentes de la iglesia en aquel momento. Esa creatividad es la que permite que nuevos procesos de crecimiento se den en las juventudes cristianas.

Ya en este proceso uno podía observar como el Toro se fortalecía en medio de la adversidad. Recuerda una de las pioneras líderes, Magali de Ortiz, que el día de su boda los Exploradores tenían a cargo un desfile de honor, con su debido uniforme. El Toro no tenía plata (dinero) para pagar el uniforme, pero aún sin el debido atuendo, el Toro impetuoso y valiente se paró y desfiló con la dignidad de un Escogido que sabe que la grandeza no depende de cosas externas sino de la voluntad de no rendirse ni sentir vergüenza en medio de las pruebas.

Al día de hoy, el Toro ha sido nombrado pastor de jóvenes en la iglesia y una de las formas que él ha diseñado junto con su equipo de trabajo, es la organización de juegos de softball y béisbol para atraer a la juventud y así "conquistar la ciudad", como dice su lema. Su equipo pastoral se compone precisamente de aquellos que crecieron con él en el momento que tuvo vigencia el movimiento de los Exploradores del Rey.

Volviendo al tema del deporte, Julio Figueroa se convirtió en su entrenador voluntario. Salían a correr y practicar la mecánica varias veces en la semana. Y, aunque Julio no tenía tanta conciencia plena del potencial de Carlos, se entregó en cuerpo y alma a su proceso de entrenamiento. Tuvo fe...la fe que a lo mejor otros cerca de él no tuvieron. El ayudó a pulir el oro que había en el Toro.

En cuanto a su entrenamiento, tanto su primer entrenador como el Toro, trotaban por la empinada ruta, de unos dos kilómetros, con dirección al cerro que comenzaba en la carretera de la entrada de Cumboto II, pasaba por el Mercado Libre hasta llegar al Cerro donde ubica el Fortín Solano en el Parque Nacional San Esteban. Al alcanzar la cima hacían ejercicios para desarrollar la mecánica de lanzar y allí le advertía Julio sobre la necesidad de trabajarla siempre.

El proceso para lograr su rúbrica como pelotero profesional estuvo marcado por los escollos del menosprecio y la subestimación. El primer equipo que lo vio fue el de los *Cubs*, organización que posteriormente lo contrató, en Chicago. Previo a esta firma que se dio fuera de terreno venezolano por la suma de $130,000.00, pasó por el ojo de otros tres equipos organizados.

La primera experiencia con el antedicho equipo, que recién había llegado a Puerto Cabello, pasó sin pena ni gloria. El hombre más importante a cargo de las pruebas de juego ni siquiera lo vio en aquella ocasión; aunque lo observó un entrenador de menor rango. Luego, pasó por el lente y el radar de las organizaciones de los *Blue Jays* de Toronto, *Marlins* de Florida, *Diamondbacks* de Arizona y, finalmente de regreso a los *Cubs*. Como dicen por ahí, lo que está pa' uno, está pa' uno.

Cuando los *Cubs* lo vieron por segunda vez, quedaron impresionados, aunque preocupados por su mecánica. De inmediato, decidieron ingresarlo a la Academia en Estados Unidos, donde finalmente firmó como pelotero profesional.

Al día de hoy, el Toro es una estrella probada en el mejor béisbol del mundo. Igualmente, es un pastor de jóvenes en la Iglesia Evangélica Pentecostal Monte Horeb, del venezolano Puerto Cabello. Además, él mismo constituye una empresa que emplea cerca de una veintena de personas para atender asuntos personales y su negocio de servicios de Internet y Computadora *Cyber Bull Café*; en su inmensa mayoría familiares y personas que crecieron con él. Mientras tanto, ha ayudado a muchas personas en su comunidad, tanto conocidos como desconocidos. Afirmando así su responsabilidad social con la gente que es parte de sus triunfos.

CAPÍTULO 3

LOS ORÍGENES, SEGÚN EL TORO

"Oye, ese muchacho es arisco, si es bravo, parece un Toro…".
Tía materna Beatriz, al ponerle el apodo a Carlos.

"Cristo es el que me libra".
Carmen Matos, abuela materna

El apartamento del Toro está lleno de familiares, entre ellos, tres de sus hermanos con sus respectivas esposas e hijos. Literalmente, un batallón dividido en los flancos tradicionales de las mujeres en la cocina, y los hombres agrupados en la sala atentos a las noticias de deportes o jugando al *play station*. Preocupa la posibilidad de hacer una entrevista en medio de tanta gente. No obstante, luego de un suculento desayuno de arepas al estilo venezolano, pasamos al cuarto de los Zambrano, porque ellos entienden que allí hay la posibilidad de la privacidad. Señal de su disponibilidad para el diálogo, lo que altera mi hipótesis de que la comunicación sería difícil porque los peloteros, por lo general, son personas de pocas palabras.

En el cuarto se encuentran Ismari, el entrevistado y Tommy Miranda, su agente y amigo. Me acomodo en un taburete, la pareja se acomoda en su cama y Tommy en una silla a mi lado. Entre chistes y ocurrencias, como es usual entre los Zambrano, comienzo a dirigir el proceso de diálogo...

Quiero compartir contigo un texto bíblico que puede servirnos de pie forzado para nuestra conversación. Cuando comencé a conocer de tu vida estos fueron los versículos que vinieron a mi mente: "porque lo insensato de Dios es más sabio que el hombre y lo débil de Dios es más fuerte que los hombres. Pues mirad hermanos vuestra vocación que no son muchos sabios según la carne ni muchos poderosos ni muchos nobles sino que lo necio del mundo escogió Dios para avergonzar a los sabios y lo débil del mundo escogió Dios para avergonzar a los fuertes y lo vil del mundo y lo menospreciado escogió Dios y lo que no es para deshacer lo que es a fin de que nadie se jacte en su Presencia; el que se gloríe gloríese en el Señor". 1 Corintios 1.25-9

--Realmente, *contesta emocionado,* yo estaba leyendo ese texto e iba a buscar mi *Biblia* para empezar con ese texto. Te lo digo delante de Dios...

¿Por qué?

--Por eso mismo, porque creo que es lo que el Señor ha hecho en mi vida y la vida de muchas personas que eran necias, menospreciadas; personas que eran consideradas lo peor y más vil del mundo, pero Él las ha puesto en gracia. Porque las levanta de donde están y ahora son grandes ministros, son personas que Dios quiere para su ministerio. ¿Entiendes?

¿Cómo fueron esos primeros años, ese proceso de crianza, de construcción de los cimientos de lo que es hoy Carlos Zambrano?

--Desde muy pequeños, fuimos una familia muy humilde. Nos criamos básicamente en la pobreza ya que no teníamos muchos recursos económicos. Mi papá era un hombre muy trabajador y nos crió así. Nos enseñó a ganarnos el pan con el sudor de la frente, a conducirnos bien en la vida y a ser honrados. No nos criamos con malas mañas. Somos siete hermanos y siempre teníamos varios primos y primas que se la pasaban con nosotros. Recuerdo que todos los años asistíamos a la Liga de Verano y como yo era muy pequeño no me dejaban jugar porque sólo se les permitía a los que habían cumplido 15 años y yo lo que tenía era unos 5 ó 6 años; pero iba con mis hermanos y disfrutaba de aquellos partidos de pelota.

Recuerdo los comentarios de su mamá Nora sobre esos primeros años, los cuales recogí en un diálogo posterior:

-Fueron tiempos difíciles para criar siete varones con muchos apuros y necesidad. Luego del nacimiento de los morochos [los gemelos mayores: Johnny y Dennis] llegamos a Cumboto II. No era fácil tener trabajo por lo que ellos pasaron bastante necesidad. Yo siempre fui ama de casa y el papá era gandolero [camionero]. Luego cuando nació el Gordo (el quinto) comenzó a trabajar con la fibra para muebles y cualquier otra cosa que apareciera. A veces, estaba cuatro meses sin trabajar. Los morochos después de los 16 años, como no quisieron seguir estudiando, se fueron a trabajar. Pero a pesar de todo, Dios nos ha bendecido... será que vio que teníamos unidad entre nosotros y que no éramos gente avariciosa. Con todo y los aprietos y trabas nunca los dejé para ir a trabajar y echarme lujos. Siempre aguantando la necesidad y cuando aparecía un "realito" se compraba algo. Pero como dice la *Biblia* "mis pensamientos no son vuestros pensamientos". Cuando tienes tanta penuria y nenes pequeños llorándole a uno de hambre, eso es fuerte. A veces eran las doce del día y no había nada. Los más grandecitos no le lloraban al papá pero ponían la carita. Me lloraban a mí. Es difícil. Lloraban porque tenían hambre. Pero todos esos aprietos pasaron y le doy gracias a Dios por eso y lo que ha hecho por medio de Carlos".)

¿Cómo surge tu pasión por el béisbol?

--Yo creo que desde pequeño cuando mi hermano menor iba a las ligas me llevaba mi papá. Duró treinta años guiando las gandolas y siempre que le dejaban la gandola nos montábamos todos en ella. Pues para seguir la historia éramos siete hermanos y vivíamos en una pequeña casa de tres cuartos nada más, incluyendo el de mis padres. Pero imagínate, de los tres cuartos, dos eran para siete muchachos, todos varones. Yo me acuerdo que dormía con Víctor (el tercer hermano mayor) en una cama matrimonial y el otro hermano mío dormía en lo que llamamos nosotros un chinchorro. Esto es una hamaca ubicada encima de nosotros que si él se caía imagínate nos caía encima en medio de la noche. Pero estaba bien reforzada porque mi papá sabía cómo hacerlo, por su experiencia como gandolero. Y, pues, mi otro hermano se quedaba en el otro cuarto y otros se quedaban durmiendo en la sala. Éramos humildes pero vivíamos bien. Sí, pasamos mucha hambre. En ocasiones, por las tardes no había qué comer y nuestro estómago no había probado aunque fuera un bocado. Siempre iba mi abuela materna Carmen Matos, recuerdo, con un paquete de harina como a las tres de la tarde con mi tía Edesia. Me acuerdo que esas eran las dos personas que estaban muy pendientes de nosotros y siempre nos llevaban algo. Dios nunca permitió que nos acostáramos sin probar un bocado.

Se puede decir que de pequeño tú conociste en carne propia lo que es la provisión de Dios.

--Sí, definitivamente. Hay un dicho por ahí que dice "Dios aprieta pero no ahoga" y muchas veces estuvimos apretados…Yo no creo que Él apriete pero uno mismo se aprieta. Dios permite que uno pase por muchas cosas que sirven como experiencia y estoy seguro de que nunca ahoga, mas siempre está presto para la oración del siervo y siempre está listo para abastecer y a veces uno tiene que caminar un cierto recorrido para que el Señor pueda cumplir su plan. Siempre Él le dice a uno hasta ahí y es que ha provisto en una manera especial y ha venido manifestándose exitosamente. Yo creo que fue una infancia bastante alegre a pesar de que éramos bastante pobres. Fue una infancia muy alegre a la edad de cinco, seis y siete años… Mi papá era una persona muy estricta y cuidadosa al momento de dejarnos salir y creo que eso nos ayudó a ser buenos ciudadanos y a desligarnos de lo que son las cosas que no le agradan a Dios. Mi papá decía "vas a ir de esta esquina a esta esquina y no te pases, o vas a tener problemas conmigo". Y a veces nos salíamos un poquito, pero siempre cumplíamos al pie de la letra lo que decía. Si papá decía que a cierta hora había que estar dentro de la casa, había que estar adentro porque era una persona muy estricta y teníamos ese temor hacia él de que nos fuera a corregir o a pegar o hacer cualquier cosa que nosotros no queríamos.

Les cuento una anécdota relatada por su hermano Víctor, en un encuentro que tuvimos en Puerto Rico para el Clásico de Béisbol 2006. Decía que su padre era tan severo que en una ocasión todos los hermanos se pusieron de acuerdo para ponerle un pequeño rótulo en la puerta de su cuarto que decía: "el Capitán". Cuando su padre lo vio ardió en ira…(Risas)

¿Y era cariñoso tu papá?

--Sí, a pesar de que era muy estricto, era cariñoso. Nos cargaba de niños y nos carga todavía. Mi papá es una persona que a pesar del carácter que tiene y su temperamento, todavía nos agarra y nos dice: oye dime, ¿qué tal? Cuando llego a Venezuela, luego de la temporada, y él no ha tenido la oportunidad de viajar para acá, en Chicago, y no me veía pues pasaba ocho meses aquí, siempre que iba a verlo él lloraba y decía "mira mi muchacho que bueno que ya estás aquí" y soltaba sus lágrimas.

Estuve mirándote lanzando en el juego de este fin de semana y recuerdo haberte visto por televisión en otra ocasión y pude observar que eres muy fogoso en el juego. Te mueves el guante si algo sale mal, hablas solo, o sea, eres muy expresivo. ¿De dónde nace esa fogosidad y esa energía en ti?

--Primero que nada es parte de mi carácter. Yo creo que cada uno de nosotros sacó un poquito de Zambrano, como decimos nosotros. Eso se transmite según la intensidad con que lanzo. Cuando era niño y veía otros muchachos jugar y cometían un error y notaba que se quedaban a veces como apáticos, me decía: "oye ese tipo como que no tiene sangre para jugar béisbol". Yo no puedo cometer un error y quedarme tranquilo porque a mí las cosas me gusta hacerlas bien, casi perfectas especialmente cuando estoy jugando béisbol. Yo tengo que jugar con intensidad y ponerle amor a lo que estoy haciendo. Como cuando yo jugaba fútbol.

En la portada del mes de diciembre de 2005 de la revista Vine, revista oficial de los Cubs aparece en la portada el Toro con un guante en la mano izquierda y un balón de fútbol en la mano derecha.

--Siempre he jugado con amor y pasión. Es verdad que a veces los nervios traicionan y yo soy muy nervioso y por momentos me da por darle a las manos así [*manotea*], o mover el guante o hacer ciertos gestos. A veces me calmo porque son cosas que pasan en el juego.

¿Por qué te dicen Toro?

--Bueno mira, de todos mis hermanos creo que soy el más arisco. Soy ese tipo de persona que se prende rápido por algunas cosas, y aunque no lo parezca soy muy tranquilo; y eso se lo puedes preguntar a mi esposa.

Se lo vamos a preguntar luego (risas).

--Soy muy calmado, pero cuando me enciendo me sale lo de Zambrano. ¿Me entiendes? Eso es lo malo, aunque creo que he mejorado un poco. Cuando era pequeñito, como de diez meses o un año estaba aprendiendo a caminar y la gente me quería agarrar porque yo era gordito y no dejaba que la gente jugara conmigo. Un buen día una tía materna llamada Beatriz Matos, agitada por el asunto, exclamó: "oye, ese muchacho es arisco, sí que es bravo, parece un Toro". Y de ahí en adelante la gente me empezó a decir el Toro y así se quedó para toda la vida. Este apodo no tiene nada que ver con el béisbol, más bien tiene que ver con mi personalidad desde la infancia.

Ahora me dirijo a Ismari que ha regresado luego de atender a la chiquita de las niñas. Ismari, ¿cómo ustedes se conocieron?

--Llegué a la iglesia en Puerto Cabello a la edad de catorce o quince años y fue cuando nos conocimos. Había una liga que se llamaba "Los Exploradores del Rey" que era algo así como los *boy scouts*, pero de la iglesia cristiana. Nosotros estábamos en esa agrupación, sin embargo, no todo era color de rosa. Al principio nos caíamos mal.

El Toro no puede contener su deseo de reaccionar y reacciona.

--Ella me odiaba.

--Es cierto, no me caía bien porque era tan repelente. Repelente es lo que mata el chiripa y así nosotros le decimos a la gente que cae mal; y yo le decía así porque él no me podía ver y siempre me decía cosas, y chocaba conmigo y decía: "bueno, ¿qué yo te hice en la vida para que me estés molestando?".

El Toro interrumpe nuevamente.

--Sí, yo le echaba muchas bromas y la relajaba mucho y a veces no era que me cayera mal, pero la veía y decía: "ya esta gordita viene para acá". Cualquier cosa, ¿entiendes? y es que me echaban bromas, nos relajaban, empezando por el Comandante de la Brigada (Freddie) que se divertía con su guasa, a lo que respondía: "oye qué pasa no me eche bromas con esa niña que es muy fea". Y de ahí fue surgiendo el amor. Bueno que te diga ella.

Ismari retoma la palabra.

--Después fui viendo el lado humano de las cosas y me di cuenta que él era muy cariñoso, muy atento y que era bastante juguetón. Siempre supe que era juguetón, pues era quien armaba el bochinche en la iglesia y un día fuimos al Congreso de los jóvenes de las Iglesias Asambleas de Dios, actividad que se realiza a principios de año allá en Venezuela y entonces allí me di cuenta que estaba enamorada de él porque estaban echándome bromas con otras muchachas. Tanto me molesté que me dije: "¿por qué me fastidió?".

En ese momento, le brillan los ojos y el Toro hace sus muecas juguetonas agradándose de lo que dice su amada...

--Ya para ese Congreso, llevábamos conociéndonos alrededor de uno o dos años.

¿Y toda la relación se basaba en tirarse y molestarse mutuamente, hasta que llegó ese momento?

--Sí, hasta que llega el momento cumbre. Sucede que allá hacía mucho frío y yo no andaba vestida apropiadamente para aquella frialdad. Un día planificamos ir a un sitio turístico y yo no tenía nada que ponerme. Así que él se quitó el suéter para dármelo de modo que pudiera salir; porque él dijo que a él no le importaba tener frío pero sí merecía la pena que yo saliera a pasear y que viera las cosas que había allí. Y el resto es historia.

¿Quién inició la declaración?

--Bueno, mira, estábamos en la brigada y a veces teníamos encontronazos o choquecitos. Siempre el Comandante nos ponía juntos a laborar cuando salíamos a vender cosas en la calle para reunir plata para ir a los Congresos.

La interrumpo y narro el cuento que me hizo el padre de Ismari, Ismael Borges, sobre la primera vez que el Toro fue a vender bolsas a su casa sin saber que Ismari vivía allí. Él saluda al padre y luego ve a Ismari y se sorprende de ver que vivía allí. De ahí en adelante siempre iba a la casa. Cuando fue el momento de pedir la mano, dice el padre que el Toro estaba bien nervioso aunque ya sabía de la movida porque se lo habían dicho. El Toro no podía decir palabra hasta que le admitió que era el novio de su hija.

--Continúa...Vender ciertas cosas era parte del plan de trabajo que teníamos para reunir dinero para pagar el Congreso de jóvenes. Siempre el Comandante nos ponía en el mismo grupo. Pero yo no quería y siempre le decía que no.

Pero tú lo decías de la boca pa' fuera...

--No, yo lo decía bien duro ¡nooooooo!

--Es que en ese momento todavía teníamos choques porque eso era cuando ella todavía no estaba enamorada. Después llegó el Congreso y ella se fue fijando en mí y ya ella me estaba gustando y al terminar el Congreso nos comenzamos a ver de una forma diferente: "con brillo en los ojos". Entonces nos veíamos en la iglesia, pero no nos decíamos nada porque yo era muy tímido, tímido, tímido y seguimos trabajando vendiendo bolsas de basura y pan en la calles. La brigada era de alrededor de cuarenta muchachos de las edades de trece a quince años. Después seguimos trabajando para el campamento juvenil de los Exploradores del Rey que era en febrero. Y, entonces, un día recuerdo que fue tanta la cuestión que los muchachos nos comenzaron a echar bromas y así fue surgiendo el amor, ¿entiendes? Fue cuando me acerqué a un muchacho que se sentaba con ella en la iglesia y le dije: "mira, ándamele a decir algo a Ismari, cosas de amor, ¿entiendes? Que esto, que aquello y él iba y en vez de decirle las cosas que yo le decía, él iba y le decía otras cosas que ella no entendía.

¿Qué cosas?

--Él le decía que me dijera que estaba enamorado de mí; que si yo tenía alguna esperanza con él. Pero cuando el muchacho venía hacia mí, me decía que Carlos estaba detrás de mí, pero "no vale la pena porque aquí estoy yo", decía él. Déjate de andar con ilusiones con Carlos.

El nombre, el nombre...

(Risas) *El Toro contesta.*

--No, no puedo decir, pero se llama Franklin.

(Risas)

--Pero él sabe la historia, y si algún día la lee, se va a reír como nos estamos riendo nosotros ahora.

(Cuentan que Franklin es una persona muy allegada a la familia y respalda el trabajo ministerial del Toro.)

--Bueno, la cuestión es que él siempre hacía eso. Con decir que cuando me iba de viaje con mi hermano mayor en la góndola y le dejaba con él algún recaíto pa' ella, y parece ser que nunca se los dijo porque ella dice que él no le llevaba ninguno de mis recaítos. Pues fuimos para el campamento antes mencionado y aquello era como en la jungla, un lugar retirado de la ciudad y allí acampamos y montamos carpas; estuvimos unos cinco días.

Ismari interrumpe.

--No. Siete días duró el campamento.

--La primera noche estuve pendiente a ver si ella salía con las amigas del campamento y no estaba y pensé: "¿será que está con otro muchacho de otro campamento? ¿Será que le estarán echando los perros por otro lado?"

--Cuando él habla de los perros quiere decir que me estaban cortejando.

--Y, entonces, allí estaba la mamá a quien le tenía miedo. Ella fue con nosotros a ese campamento y era una de las consejeras de la brigada juvenil y diaconisa. Yo me cohibía de acercarme a ella, pero en las noches, como estaba oscuro yo la veía y ella me veía y nos dirigíamos miradas penetrantes de amor.

¿Cómo eran esas miradas?

--"Miradas penetrantes de amor". (Risas) En el autobús, de Puerto Cabello a Espíritu donde estaba el campamento, me acerqué a un muchacho que se llamaba Yandi y lo mandaba a decirle cosas a Ismari. Él se sentó con Ismari y yo me senté al frente de la silla de ellos. Le quería decir a Yandi que me dejara su lugar; pero no lo decía porque me daba pena. Después le enviaba recados y Yandi sí se los daba completos. Una vez le dije a Yandi que me quería declarar a Ismari. Pero como la mamá estaba y era muy estricta con ella, tenía que ser discreto. Le pedí que le dijera que la iba a esperar en un sitio. Finalmente, nos juntamos y me acuerdo que había luna llena.

Ismari abunda.

--Hicieron ese día una fogata en el medio del campamento... Una fogata grandísima. Y alrededor de ella hicieron también una pequeña dramatización teatral.

--Y ahí nos juntamos los muchachos del campamento, David, "el forro de urna", Ismari, Yandi y también el muchacho que usaba, en otras ocasiones, de mensajero para comunicarme con ella. Estábamos los seis hablando y veo que ellos dicen: "bueno ya vengo". Y todos se fueron poco a poco y nos dejaron solos a Ismari y a mí. Y, cómo te digo, yo que soy tan penoso, me quedo así y digo "ahora qué hago y ahora qué digo"; y duré como cinco minutos para decir una sola palabra. Pregúntale a ella.

--Yo creo que esperó más tiempo.

--Y yo estaba tartamudeando: "este que", "este que". Y ella esperando a ver qué decía, y yo seguía "este que...". Pero, finalmente, le dije "mira tú sabes que me gustas" (risas). Entonces allí empezamos a hablar y nos dimos un beso en el cachete y de ahí salimos siendo novios. Seis meses después fue que nos dimos nuestro primer beso en la boca.

¡Seis meses! Y ¿por qué?

--Porque yo era muy penoso y ella también. Siempre nos veíamos en la casa de ella. Bueno en la casa de ella no nos íbamos a besar y hacer de novios porque todavía yo no había pedido la mano.

--Y en la iglesia tampoco porque todavía no lo sabían mis papás ni la gente de la iglesia.

--Los padres de ella no sabían ni yo se lo había dicho a los pastores ¿entiendes? Visitaba su casa pero no como novio sino como visitante. Siempre buscaba a alguno de mis amigos.

--Y la excusa, dice Ismari, era que mi papá hacia jugo de chicha que es un jugo de piña que él hace concentrado y que sabe como a vino y ellos cada vez que venían a la casa le decían a mi papá: "nosotros queremos vino".

--Nosotros queremos vino y vinimos para compartir con usted. Pero eso era embuste, mi interés se llamaba Ismari porque ya éramos novios, y así era que nos veíamos. Hablaba con ella pero no nos dábamos ni un beso ni nada. En la iglesia fue igual. ¿A que ustedes no saben en dónde nos dimos el primer beso?

¿En dónde?

--En la casa del pastor Colmenares. Es que estaban sólo dos muchachas, Rosalinda y Yoquina, y de momento nos percatamos que se habían ido.

Rápido clarifican...

--No, no se fueron. Estaban en el sofá de la sala. Nosotros estábamos en la cocina.

--Sí. En la cocina, nos miramos, nos miramos y nos dimos un besito en la boca por primera vez.

¿Y quién dio el primer paso? El Toro embiste con una respuesta contundente...

--Yo.

¿Puedes dar detalles?

--No fue mucho, fue como de 20 minutos (risas). Para ese tiempo, ya estaba entrenando para Chicago. Chicago me iba a traer para acá [Estados Unidos], y ahí fue cuando la pedí a sus padres.

¿En ese tiempo es que te contratan como pelotero?

--Estaba en ese proceso.

Tengo entendido que no jugabas pelota desde bien pequeñito sino que ya eras casi un adolescente cuando te iniciaste en el primer equipo de béisbol. ¿A qué edad realmente comenzaste a jugar béisbol?

--Siempre jugué fútbol o béisbol en la calle y en el terreno de Cumboto II con mis hermanos y amigos. De forma organizada comencé a los 13 años, porque todos los años mis padres me decían que iban a inscribirme pero no había dinero para eso. Pero mi hermanito pequeño "el Niño", que era a quien siempre buscaba la dueña del equipo, porque era como su consentido. Así, en mi caso jugaba en la calle.

La casa donde se crió el Toro se encuentra en un camino de tierra donde al final ubica un terreno que hoy está abandonado, pero que antes era su terreno de juego. Mismo que queda al margen de un canal y cuenta con una torre de electricidad y por eso le llaman "La Torre". Todas las tardes los muchachos de la comunidad salían a jugar con bolas de papel o de media que comprimían con cinta adhesiva y cuartones o palos de madera a jugar béisbol y alimentar esperanzas. Recuerda Derwin, uno de sus hermanos, que en una ocasión echaron broma y el Toro le dijo que arrodillado le iba a dar un jonrón a su hermano. Se arrodilló, cogió el bate-palo y, definitivamente se la sacó del parque...o del terreno que era su estadio. Cuenta Dickson, su amigo de la infancia, que mientras jugaban, cuando veían un avión el Toro decía: "ya ustedes verán que algún día me voy a montar en un avión de esos para jugar pelota en Estados Unidos".

¿Cómo sentías eso de que no te inscribieran año tras año?

--Oye, siempre decía que quería jugar béisbol organizado, quería saber que era eso. De pequeño, era un pelotero malo... ¿me entiendes? Por eso, ese texto bíblico que tú leíste al principio va conmigo porque yo era bien malo en el béisbol, malo en el sentido de que no agarraba bien. Bateaba más o menos. Lo que tenía era buen brazo. Pero Dios fue desarrollando ese brazo y así fue que firmé. Yo jugaba siempre por las calles y el primero que estaba era yo. Yo era un fiebrú para jugar béisbol y para jugar fútbol.

¿Tu pasión es por cualquier deporte? Es que mencionaste el fútbol también, te gustaba estar en el terreno de juego desde niño, pero por razones económicas no pudiste nunca estar en ningún equipo organizado.

--Sí, porque antes para uno poder jugar en un equipo, tenía que inscribirse y dar un dinero inicial por la inscripción; y el dinero se usaba para el uniforme, para el pago de los árbitros y para todos los gastos del equipo durante el tiempo de juego. Los equipos muchas veces no lo tenían completo.

No todo el mundo lo puede pagar.

--No todo el mundo lo podía pagar, pero mi hermano "el Niño" ni pagaba porque la dueña del equipo lo quería tanto en el equipo que ni siquiera le cobraba por jugar. Pero, entonces, yo seguía jugando y nos juntábamos los muchachos por la casa y nos íbamos al terreno. Nosotros mismos, ¿entiendes? Y como a los 13 años, no sé cómo pasó, no sé si pagué, pero me inscribí en el equipo. No sé, no me acuerdo de verdad…pero empecé a jugar. Yo jugaba right field y a veces lanzaba.

¿Qué tal esa primera experiencia?

--Fue bastante buena porque nunca había visto el árbitro, un lanzador de verdad tirando dependiente para esa categoría. Fue una experiencia bastante emocionante. Yo creo que lo hice bien porque nunca había visto un árbitro ni a un "pitcher" de verdad tirando duro para esa categoría ¿me entiendes? Después, al siguiente año, jugué Junior y siempre teníamos una cuadra que pasaba junta de categoría. Y me acuerdo una vez, cuando fui a inscribirme a los trece años le dije a la dueña "yo quiero inscribirme en su equipo" y ella me dice "¿y dónde tú crees que vas a jugar?" Bueno, yo juego en cualquier lado, y me dijo: "¿tú crees que puedas jugar mejor que ellos?" Me estaba menospreciando, ¿me entiendes? Pero seguí luchando en las categorías.

¿Y no te dieron deseos de decir: "me voy para casa"?

--No, no porque yo tenía el deseo de jugar béisbol organizado. Entonces, cuando llegué a Junior, tuvimos una temporada buena y en el segundo año yo estaba en el equipo B, porque en Venezuela cuando los equipos tienen muchos muchachos sacan el A y el B. El A es el macho donde van los muchachos buenos donde van los que batean más y los mejores y en el B siempre dejan a los que le decían la basura, los que más o menos lo hacen. Fue una experiencia bastante bonita porque nosotros siempre le ganábamos al A. Una vez la dueña del equipo dijo: "voy a tener que eliminar a este grupo B porque me está chavando el A. Nosotros nos enteramos y nos enfrentamos a la dueña y le dijimos que no podía hacer eso porque pensara que éramos una basura. Al dirigente tampoco le gustó la jugada y la enfrentó. Al final ganamos, y ese año clasificamos siendo el equipo B, cuando éste casi nunca clasifica. Luego, nos eliminaron en la primera ronda de los *playoffs*.

¿Ya estabas lanzando?

--Sí, estaba lanzando.

(Sobre el tema su padre reflexiona sobre aquellos días y señala que "sobre el deporte en el hogar, al principio cometí un grave error. Porque para mí era más importante que estuvieran en la iglesia que en el parque. Aunque ellos siempre jugaban escondidos, claro yo me daba cuenta. Ahora pienso distinto. Uno puede agradar a Dios desde el deporte).

¿En qué momento fue que viste la oportunidad de convertirte en lanzador?

--Bueno mira, nosotros estábamos en Juvenil y había un muchacho que se llamaba Luis Aguillones. Para aquel tiempo, era una persona que tenía muchos talentos y yo pensaba que iba a firmar e iba llegar bien lejos. Mientras estábamos jugando una serie donde juegan todos contra todos (*round robin*), a mí me tocó lanzar contra ellos. Ese día, a ese muchacho, yo lo logré ponchar. Entonces, Julio Figueroa, que es uno de los baluartes en mi vida y de las personas más importantes en mi carrera, estaba en las gradas. A Julio Figueroa, yo lo conozco desde que tengo uso de razón, ya que jugó con mi hermano Dennis en una selección de Venezuela. Y mi hermano ya le había dicho: "oye yo tengo un hermano que se parece bateando a [Andrés] Galárraga". Entonces, Julio estaba en las gradas y mi hermano también. Cuando el juego estaba perdido me pusieron a lanzar porque siempre me dejaban para el final. Me enfrenté al mejor bateador, al candidato probable o "prospecto" Aguillones; y lo ponché con cuatro lanzamientos de recta. En ese momento, Julio sorprendido le dice a mi hermano: "oye ese chamito vale, ¿ése es tu hermano?". Y, entonces, mi hermano le dice que soy su hermanito el que se parecía a Galárraga ¿no te acuerdas? "Verdad vale, pero está grande" dice Julio. Terminó el juego y después en Venezuela la gente acostumbra a quedarse más tiempo para darse una cerveza y compartir. Ese día mi hermano se quedó más tiempo y como yo me iba con mi hermano para mi casa, me tuve que quedar y él y Julio estaban tomando y compartiendo. Entonces, Julio empezó a hablar conmigo y le dijo a mi hermano: "tú sabes que yo tengo un amigo que pertenece a la organización de Toronto y se llama Pedro Ávila". Si quieres podemos entrenar para ver qué nos puede decir esta gente. Acto seguido Julio me dice: "mira Carlos, ¿tú quieres empezar a entrenar para ver si te puedo poner en contacto con Pedro Ávila?" Entonces yo le digo "bueno, está bien". Aquí empecé a entrenar.

Empecé a correr y recuerdo que tenía unos zapatos de cuero con suela ancha y salía a correr con ellos. Al principio, Julio entrenaba conmigo dos veces en la semana porque él estaba trabajando. Después empezó a trabajar conmigo tres veces en semana, cuando podía. Bueno, llegó el momento que se retiró del trabajo y se dedicó por completo a entrenar conmigo e íbamos para todos lados pidiendo cola, como decimos nosotros. Me acuerdo una vez que salió molesto del estadio y me dice "oye Carlos, yo tengo aquí plata para el autobús". Y yo le digo "oye Julio, tengo hambre". Y él me dice: "yo también, vamos a tomar una chicha". Y la chicha es una bebida muy espesa, es de arroz y alimenta bastante. "Vamos pues"; y me dice él: "si nos tomamos la chicha nos vamos a quedar sin nada y nos vamos a tener que ir a pie o a pedir cola". Compramos la chicha y nos paramos allí en el estadio a pedir cola; en eso venía mi papá en un Volkswagen viejo. Es como un carro del año 60. Y papá venía "pru, pru" y dice: "¡Epa! ¿Qué pasó?" No, nada, que estamos pidiendo cola, le decimos. "Vénganse pues", respondió mi padre. Nos montamos. Mi papá estaba arreglando ese carro que era de un primo de nosotros que se llama Natanael y Julio me dice "viste Carlos que conseguimos la cola y nos fuimos sin hambre". Ésas son algunas de las cosas que han pasado. Con él fui practicando pitcheo y me acuerdo que Julio pasaba la raya conmigo al principio porque yo no tenía mecánica ni nada. Lo que tenía era puro brazo y Julio me enseñaba la mecánica de cómo lanzar. Me echaba mucho para atrás y me abría mucho en el movimiento, ¿entiendes? Yo no tenía mecánica de nada, no tenía noción de lo que era lanzar la pelota; lo que era fundamento. Me acuerdo que Julio a veces me decía: "Carlos mira no es así, es de esta otra forma. Y venía yo y lo hacía mal, tiraba alto y no quería tirar alto porque yo quería tirar en una zona de "strike". Entonces, a veces me decía: "esto no va a poder ser porque él ponía ejercicios muy difíciles". Pero seguimos practicando y practicando hasta que más o menos agarré la cuestión, pero Julio se mataba conmigo en ese aspecto. Hubo momentos en los que me buscaba en la mañana y la tarde para entrenar.

¿Él creyó en ti?

--Sí. Nosotros nos pasábamos en la calle y le decían a él, aunque él no me decía nada a mí: "oye, ¿pero tú andas con ese loco? Primero te firman a ti que a él". Pero él seguía entrenando mientras vociferaban que yo no tenía futuro, que estaba muy flaco y que no tiraba duro. Y a pesar de los comentarios de la gente, él seguía más firme. Por las tardes, después que practicábamos, nos íbamos para su casa y me preparaba lo que se llama una "bomba", hecha de cereal, banana, leche y una galleta de avena para que yo engordara porque estaba demasiado flaco. Su casa quedaba muy cerca de la mía. Yo tenía que cruzar la autopista. En su casa, hablábamos, y siempre me daba consejos para mejorar, y a veces, nos íbamos a ver juegos de Grandes Ligas en una parabólica que tenía un amigo nuestro; porque en ese tiempo, no pasaban muchos juegos en Venezuela. Entonces me decía que aprendiera de los lanzamientos de los lanzadores y de cómo bateaban los jugadores.

¿Y cuándo es que ponen el ojo en ti para firmarte? ¿En qué momento ocurre?

--Al primer *try out* que fui lo organizó la organización de los Cachorros de Chicago. Ellos fueron el primer y último de los equipos que me vieron. Nosotros estábamos entrenando y un día Julio me dice "mira vale, hay una noticia buena para ti porque la gente de Chicago tiene la academia en un sitio que se llama Vejuma, cerca de

Topolito en el estado Valencia". Resulta que ellos estaban pensando mover la Academia para Puerto Cabello y entonces entrenaban en Valencia aunque también entrenaban dos veces en la semana en Puerto Cabello. Después de aquel enero se movieron completamente para Puerto Cabello. Julio me dice: "¿Sabes? Tengo el *try out* cuadrao', va a ser el 27 de febrero".

¿De qué año estamos hablando?

--Del año 1997. Él me dice en enero mira el *tryout* va a ser para el 27 de febrero y siguió corriendo. Un día nos vamos para su casa y me dice: "tengo una noticia que darte, hay un *try out* más temprano que éste. La gente de Chicago que están en el estadio te quieren ver jugar, Alberto Rondón te quiere ver". Entonces le pregunto: "¿cuándo va a ser eso?" y él responde: "Será la primera o segunda semana de febrero". "Bueno está bien", le dije. Seguimos entrenando y llegó el día del *try out* con Chicago y Alberto Rondón nunca llegó. Yo entrené con ellos, y el tipo que me entrenó, me dio una pelota toa' vieja y no me prestaron mucho interés ¿tú entiendes? Entonces, él me dice: "tira más". Y le dice a Julio: "este chamo tiene buen brazo pero no se sabe si se va a desarrollar, tiene la mecánica demasiado fea; ese muchacho necesita mucho trabajo y no te lo van a firmar por allá (en Estados Unidos)". El tipo no dejó ni que llegara Alberto Rondón, que era el jefe, para que me viera. Figueroa me cuenta lo ocurrido y me dice "no vale la pena, no le hagas caso". Así que nosotros continuamos entrenando. Llegó el momento de presentarnos con el equipo de Toronto. Estaba el encargado en Venezuela, Julio y Pedro Ávila que era el "scout" de Toronto y ellos iban para Puerto Cabello. Había alrededor de 27 muchachos. Entre ésos, estaban peloteros a quienes les iban a hacer las pruebas para determinar si los firmaban. Empezamos a vestirnos y a correr y me pusieron a tirar ese día. Yo tiré de 85 a 86 millas (por hora).

¿Cuánto medías y pesabas?

--Yo medía como 6' ó 6'1" y pesaba como 175 ó 180 libras. Escogieron quedarse con otro pelotero y sobre mí decidieron llevarme a la Academia en Barquisimeto. Entonces le dicen a Julio "mira Julio nos vamos a quedar con Zambrano nada más; a los demás los puedes mandar para su casa. ¿Podemos ir a la casa de Zambrano para conocer a sus padres y sacarle permiso?" Julio dice "como no, vale, vamos a ir para allá que yo sé donde vive él. Y así hablamos con los padres para decirle a ver cuándo lo podemos llevar para Barquisimeto". Entonces, mi hermano Dennis que se encontraba en el estadio, salió corriendo para la casa a gritarle a mi papá que iban para allá. Como a los 20 minutos nos fuimos para la casa y mis padres salieron y dialogaron con ellos. Le dijeron que yo tenía buen brazo y querían llevarme para la Academia. Ellos dijeron que no había ningún problema. Se fue la gente y me dijeron "el lunes te presentas allá en Barquisimeto". Para este entonces, mi papá estaba trabajando en una compañía arreglando una gandola y llegó el viernes. Yo le dije a mi padre: "Oye papá, tú sabes que yo no tengo ropa para ir a Barquisimeto". Mi papá dice: "Oye, es que yo no sé si me van a pagar hoy".

(En un diálogo posterior con su padre, Saulo me compartió sobre el momento que "cuando ocurre lo de la firma yo me sentía pequeño de cómo un grande liga en mi familia. Cuando salió finalmente la noticia, nosotros brincamos de la alegría: ¡firmaron al Toro, firmaron al Toro! Éramos pocos en la casa celebrando, pues todavía éramos muy pobres. Recuerdo que al momento de él partir para Estados Unidos, dividimos los bolívares para que él tuviera algo. No lo pudimos despedir en el aeropuerto porque no teníamos real).

¿Cuál era tu equipo deportivo?

--Nada, unos zapatos aunque yo decía que no importaban los zapatos. Total que llegó mi hermano Johnny y me dice: "No tranquilo, yo te lo doy". Mi hermano Johnny me dio el dinero y ese sábado fuimos al mercado libre[6] y compré zapatos, ropa tú sabes, ropa de salir, mahones, dos camisas y zapatos. Y el lunes me fui para Barquisimeto. No practicamos hasta el sábado siguiente cuando llegó un americano agente de Latinoamérica para Toronto y entrené con él. Éramos como 50 peloteros y dejaron a cuatro y el último a quien entrevistaron fue a mí. Dejaron que pasara mi papá y mi hermano y Julio le dijo: "No, no el que voy a pasar soy yo". Porque mi papá y mi hermano no saben nada de eso a lo mejor nos engatusaban; así que Julio dijo: "dejen que yo pase". Mi papá dice: "Pues bueno, pasa con Dennis". El señor americano dijo que yo tenía una buena condición,[7] pero tiene que desarrollarse. Además, no se sabe si se va a lesionar o no, y es mejor dejarlo aquí en la academia.

---

[6] El Mercado libre es un comercio en plena avenida principal, a los extremos de la carretera, donde vendedores ambulantes ofrecen su mercancía. Algunos tienen sus artículos en el suelo, otros en mesas. Abren todos los sábados con la excepción del tiempo navideño que extienden su horario durante la semana. La mercancía, en su mayoría ropas y zapatos, está cubierta con carpas o toldos, y asiste gente de recursos modestos a realizar sus compras. Se trata de una versión desmejorada de los pulgueros o "flea markets", y son muy concurridos. Queda a sólo minutos de la casa donde se crió el Toro.

[7] Es importante recordar que el entrenamiento principal del Toro cuando comenzó a entrenar con Julio Figueroa era corriendo desde su casa hasta el Fortín Maduro.

Entonces, Julio dijo con clara firmeza: "el muchacho sale firmado, si no hay nada, el muchacho se viene conmigo". Julio Figueroa, era quien negociaba como si fuera mi agente; él le dice: "Bueno, pero ¿cuánto ustedes están ofreciendo por él? Y entonces el gringo le dice al traductor Emilio algo en inglés y éste dice: "El señor está diciendo que ofrece 5,000 dólares por firmar". Entonces salta mi hermano Dennis: "¿5,000 dólares? Tú lo que estás es loco. Por 5,000 dólares lo hago yo. Ese brazo es nuevo no ha tirado en ningún lado", le dijo a Emilio. Se enojó y entonces Julio le dice: "Nosotros queremos 300,000 dólares por él". Le responden que no sabían si él iba a ser un buen pelotero ni nada bueno. "Pues está bien no vamos hacer ningún negocio ni nada; nos vamos". Trataron de persuadirnos para que no nos fuéramos así: "Oye pero no te vayas así, vamos aunque sea a firmarlo con el equipo de los Cardenales para la liga invernal". Julio dijo: "No. Usted está equivocao' yo he visto a ese muchacho y yo quiero que primero lo firmen para allá (Estados Unidos) y después lo firmen para aquí (Venezuela). Yo me comunico con Pedro Ávila". Y nos fuimos. Después de eso vinieron los *try out* con Florida y no me estaban ofreciendo mucho dinero tampoco. Fui a un *try out* con *Arizona Diamondbacks* que para ese tiempo estaban comenzando y el escucha le dijo a Julio: "Oye, ese muchacho merece que le den buen dinero. Pero nosotros apenas estamos abriendo nuevo mercado y el dinero disponible es para los peloteros del *draft*. No podemos dar ese dinero, pero si yo los tuviera se los daba"; le dijo. Su nombre era Carlos Porte.

Seguimos entrenando y un día Julio me dijo: "Tengo una buena noticia para ti. ¿Te acuerdas del jefe de Chicago Alberto Rondón?" Le respondí: "No me acuerdo porque yo nunca lo vi". Me dijo: "Pues ese señor, supuestamente, anda bravo porque todo el mundo te ha visto menos él". Entonces me percato que él no sabe que ya los entrenadores de Chicago me habían visto, y que Alberto Rondón no sabía que yo había ido para allá. Entonces, Julio habló con él y le dio mi número de teléfono. Cuando me llamó le dije que ya nosotros habíamos ido para allá; se enojó y se puso como un animal y le formó un problema a los coaches de la Academia, me dijo Julio. El tipo se disculpó y preguntó si me podía ver jugar. Yo le dejé saber que no había problema. Julio me instruyó: "Nada cuesta con tratar para ver si el tipo te reconoce algo bueno en ti". Y le respondí con un "vamos a darle". Julio lo llamó y le dijo tal día tiene que estar aquí. Seguimos entrenando y llegó el momento del segundo *try out* con los Cubs y Alberto Rondón. Ese día pidió una recta a 91 millas y yo lancé 91 millas ese día. Pero yo no sabía nada. El que estaba viendo la pistola era mi hermano junto con Rondón y Julio. Y fue él quien vio porque la pistola la estaban llevando ellos y entonces Rondón lo vio.

En cosa de meses tu velocidad aumentó de 84 millas a 91 en ese mismo proceso en el que estabas entrenando.

--Cuando hice *try out* por primera vez con Chicago (febrero) estaba a 84 millas. Con Toronto tiré a 86 u 87 millas (febrero). Con Florida tiré 84, 85, 86 (marzo); y con Arizona tiré 85 a 86 millas (marzo). Ésa era la cantidad que yo estaba tirando. En mayo la gente de Florida quiso verme otra vez y me vieron. Entonces, el encargado llamó a Julio y le dice acerca de mi: "Se ve bien pero está un poco tieso; el muchacho necesita trabajo". Julio responde: "Si yo estoy trabajando con él todos los días". Y le insisten: "El muchacho está un poco tieso, yo no sé, yo te llamo Julio". Salimos otra vez decepcionados de otro *try out*.

¿Y eso tú lo hablabas con Ismari?

--No.

--Yo ni sabía que él jugaba pelota, *responde Ismari*.

--Ella no sabía que me estaba entrenando para ser profesional. Es que cuando eso estábamos empezando de novios y todavía no la había pedido al papá. Es cuando supe que me venía para Estados Unidos que se lo dije y ella me indicó que tenía que hablar con su papá: "Porque si tú te vas para Estados Unidos y no hablas con mi papá entonces acabamos aquí". Eso pasó en el proceso que yo estaba buscando firmas.

Continuamos con el proceso de la firma.

--Pues seguimos entrenando, pero sentía el peso de la frustración, porque ya habían cuatro equipos que no me habían querido firmar. Entonces una tarde salimos a correr en la misma planta de entrenamiento, corrimos y al regreso, me dice Julio sonriente: "Carlos, tengo una buena noticia para ti; la mejor que puedas haber tenido. Yo creo que esta noche hay firma". "¿Qué pasó vale?" le pregunté ansioso. "Que Rondón me llamó desesperado que te quería ver otra vez, que quería hablar contigo, con tu mamá y tu papá. Y nos fuimos para la casa de Julio a esperar al señor y ese tipo llegó en un *Camry* (modelo de la marca Toyota) pero bien bonito con unos cauchos (gomas) bien bonitos. Se presentó con el *coach* que me había visto en el primer *try out*, él que no dejó que yo me quedara, y con otro más. Le dice a Julio: "Mira, te voy a decir una cosa, yo no te voy a ofrecer villas y castillos".

¿Está hablando Rondón?

--Sí. Rondón. Manifestó: "Te voy a hablar honestamente. Yo no te voy a decir que voy a llevarte a la Luna si no te voy a llevar a la Luna. Yo te voy a dejar en la Academia por un mes. Si en un mes te desarrollas, te llevaré a Estados Unidos y allá te van a firmar. Ellos son los que van a dar el veredicto tuyo allá. Necesito hablar con tus padres ¿cuándo puedo ir a hablar con tus padres?" "Si ellos quieren pueden ir al estadio a hablar con usted", le dije. "Bueno pues está bien. Mientras, yo tengo un regalito para ti". Mira al *coach* y le pide que le busque lo que tenía para "Zambrano". Entonces vino con un bolso y empezó a sacar y me puso la gorra y me dijo "eso es para ti". Me sacó un guante derecho y me dijo "eso es tuyo". Me sacó una camisa y me sacó el uniforme completo: "eso es tuyo. Bienvenido a los Cubs de Chicago". Me acuerdo que el número que me sacó fue el 21, y yo contento: "Dios mío, Señor". Él me dice: "te quiero temprano en la Academia, no vayas a llegar tarde". Le respondí: "No se preocupe, mañana estoy allí". Entonces el tipo se fue y cuando yo me quedo con Julio estábamos muy contentos. Luego, cuando mis padres y hermanos se enteraron, imagínate, lo contentos que estaban porque me iban a firmar con Chicago. Al siguiente día, me fui tempranito para la Academia y estaban todos esos peloteros que hacían las cosas tan bien; sabían dónde tenían que tirar ¿me entiendes? Y me vestí y me puse a trabajar. Duré alrededor de un mes en la Academia.

Al cabo del mes, me dice el entrenador que tenía que hacer el reporte diario, cenando en su casa: "Zambrano va a venir a verte un *scout* encargado de Latinoamérica para los Cubs de Chicago que se llama Oneri Freita. Vino a verme el 22 de mayo, y me puso a lanzar. El primer pitcheo que yo tiré fue a un muchacho que venía de jugar triple A y le partió el bate. Él viene y me agarra por el hombro, y allí estaba el cuñado mío en las gradas, y el señor viene y me dice: "hombre grande y fuerte". Pero así como si no hablara español. (Pero sí hablaba español, después lo descubrí porque era de ascendencia cubana.) Y empezó a hablar en inglés con Alberto Rondón y yo no entendía ni papa. Y él me dice: "Tienes que sacar tu pasaporte porque tú te vas para Estados Unidos el último día de este mes". Yo le digo: "Oye Rondón, usted me va perdonar, pero yo cumplo años el primero de julio, si usted quiere me lo separa después de esa fecha para yo pasar el cumpleaños con mi familia". Y lo acepta con un: "Ah bueno, está bien no hay ningún problema". Ese mismo día, llego por la noche a hacerle visita a Ismari, y estaba el cuñado mío relajándome, y le dije a Ismari que me iba para Estados Unidos: "El gringo vino hoy y me dijo que me iba para Estados Unidos". Y ella me dice: "Pues tienes que hablar con mi papá, decirle que somos novios". Y yo, hay Dios mío y qué voy hacer; y decidí rápidamente que iba hablar con el suegro y que le iba a pedir la mano de mi novia.

¿Cuánto tiempo llevaban ustedes? Y ambos responden al unísono...

--Casi un año.

--Pues le dije al suegro: "Oye Abimael, para nadie es secreto que a mí me gusta su hija y quiero, formalmente, pedirle su mano". Me respondió: "Bueno, para mí no hay ningún problema, siempre y cuando tú la respetes y tengamos un horario en que tú vengas a visitar". Hablamos y todo quedó aclarado. Pues, entonces, saqué el pasaporte, fui a buscar la visa el 28, 29 y me vine para Estados Unidos por primera vez el 7 julio de 1997. Viajé con el señor Alberto Rondón.

Mi primera experiencia en un avión fue inolvidable; cuando va a despegar el avión yo no estaba preparado para eso porque nunca me había montado en un avión. El señor Rondón me mira y me dice: "Tranquilízate, te veo nervioso", y lo estaba. Llegamos finalmente a Miami y nos bajamos del avión y Alberto Rondón me dice: "Apúrate y deja de estar mirando tantas cosas que vamos a perder el otro avión que nos falta para llegar a nuestro destino". Y, entonces, seguimos caminando y el tipo caminaba rápido vale, daba un paso aquí y el otro allá y yo tratando de alcanzarlo con mi maleta. Pasamos inmigración y llegamos al *gate* donde salía el avión. Íbamos en primera clase pero empecé a vomitar y me bajó la presión, me dieron una bolsita y unas pastillas pero yo no estaba acostumbrado. Por fin llegamos a Arizona y yo llego con Rondón al vestíbulo y la primera persona que vi que se me parecía una estrella me dice: "Mijo ¿como estás?". "Bien", le dije. "Bien hermano todo bien mi nombre es Franki Beltrán. Tú eres venezolano ah, está bien." Y me llevaron a descansar. La mañana siguiente fui al estadio y entrené con ellos y conocí al dirigente de las ligas menores y yo lo único que oía era murmullos y movían la cabeza y como movían la cabeza asintiendo, ya yo sabía qué estaba bien. Entonces, como a los días, me llama Oneriff por teléfono y me dice: "Mira tú sabes quien habla es Oneriff el que te ayudó a irte de Venezuela". "¿Usted habla español?", le pregunté sorprendido. "Si igual que tú", me aclaró. "Pues dígame". Me informó una excelente noticia:

"te vamos a firmar hoy con Chicago. Les gustaste mucho a los jefes y te vamos a firmar. Me acuerdo que el 24 de julio, me llama el Sr. Vick Conner encargado de las ligas menores para que fuera a sus oficinas a firmar el contrato. Y cuando firmé el contrato yo dije: "Dios mío, gracias ya pertenezco a Chicago". El señor me dice bienvenido a los Cachorros de Chicago y aquí fue que terminó una etapa y comenzó la odisea.

Hay una anécdota que me comentó uno de tus hermanos (Víctor): "a Dusty Baker, dirigente de los Cubs de Chicago le hicieron una entrevista y le empezaron a preguntar por los lanzadores Kerry Wood, por Mark Prior y él dice en la entrevista, "¿Por qué me preguntan por ellos? Si el caballo es Carlos Zambrano". ¿Qué comentario te merece esa expresión, viniendo de una persona que tuvo que ganarse el lugar donde está fuera de su tierra viniendo de una persona tan conocedora como Dusty Baker?

--Dusty Baker es una persona muy nombrada en el béisbol no solamente como dirigente sino como jugador. He podido ver unos cuantos videos de cuando él jugaba y realmente era un pelotero que jugaba con pasión. Pues a lo mejor, cuando yo lanzo, le hace recordar a él y le motiva a recordar sus tiempos y es una persona que a lo mejor le gusta eso, que le jueguen duro, como todo dirigente. Yo estoy muy agradecido de mi parte que él haya dicho eso realmente viniendo yo de Venezuela. Viniendo de otro país que es otra cultura, otra lengua pues se hizo difícil. Pero como siempre digo, Dios tiene un propósito con cada persona.

De toda esta historia maravillosa ¿Qué tú entiendes que fue la clave para llegar al éxito alcanzado y que sigues teniendo?

--Si yo te digo, honestamente, cuáles fueron las claves, la primera clave fue: Dios.

¿En qué sentido?

--Yo le creí a Dios desde el principio. Recuerdo que días antes de venir para acá (Estados Unidos) yo estaba en casa de mi pastor conversando y él me dice que quería pedir por mí. Me dice: "Vamos a orar por ti". Y empezó a orar y Dios empezó hablarme por medio de él y me dijo cosas bellas: "Estoy contigo, yo te voy a bendecir de una manera asombrosa. Te voy a llevar a hacer cosas que ni siquiera tú te imaginas, y estaré contigo. Yo haré de ti cosas nuevas y haré contigo cosas nuevas". Desde ese momento yo creí en esas palabras y las tomé para mí. Yo creo que eso ha sido uno de mis éxitos que es creerle a Dios. Tener la fe de que Él me va a guiar y nada malo me va a pasar; porque Él está conmigo, ¿entiendes? En lo material, la segunda herramienta sería la disciplina. Desde que empecé mi carrera yo soy una persona disciplinada. Me gusta llevar las cosas y aprender mucho. Me acuerdo que en ligas menores veía compañeros míos en pleno juego viendo mujeres y haciendo otras cosas y a mí no me agradaba eso porque lo que me gustaba era ver a mis compañeros analizar sus juegos, estudiar los bateadores. A mí me gusta estudiar, es igual que como dice la *Biblia* cuando establece que debemos escudriñar las Escrituras. Pues, en el béisbol, debemos escudriñar a los bateadores, tenemos que analizarlos, compararlos y siempre aprendo de lo que dicen los demás. Si un *pitcher* que tiene más experiencia que yo dice algo importante, yo lo agarro.

Como la tercera herramienta para el éxito que tuve en esa etapa formativa fue el saber escuchar a los que saben.

¿Alguna otra herramienta que para ti haya sido importante y que te ayudase a mantenerte firme?

--Bueno, a mí me gusta enseñar y aprender también y uno también aprende cuando enseña a otros.

¿Tienes algún pelotero o alguna persona que te haya inspirado?

--El venezolano Wilson Álvarez y el estadounidense Roger Clemens. Son personas que he seguido desde pequeño y siempre las admiré.

Durante el mes de diciembre de 2005, visité al Toro y su familia en Venezuela. Mientras disfrutaba de una rica arepa parrillera en la cocina de su apartamento junto al Toro e Ismari, escuché una anécdota muy significativa. De repente Ismari se levanta a buscar algún artículo en una nevera pequeñita que había en una de las esquinas de la cocina. Carlos se da cuenta que no puede cerrar y trata de arreglarla. Hizo veinte malabares hasta que lo resolvió y la neverita cerró, no sin antes sucumbir a algún tipo de cólera temporal. Luego se volvió a sentar con nosotros. Ver la neverita y ver luego la enorme nevera, que hasta tiene televisor, en acero inoxidable, me llamó la atención porque recordé que su madre me había contado que hubo momentos en que ellos no tuvieron nevera en su casa de Cumboto II. Le pregunté al Toro sobre el particular y él me comentó lo siguiente:

--Como a los dos años de haber firmado como profesional, al seguir viendo la pobreza de mi hogar, le dije a mi madre: "Mami, déme dos años que yo la voy a sacar de aquí". Y así fue. A los dos años, me subieron a Grandes Ligas y la saqué de allí; y luego, le compré su casa en Cumboto I.

CAPÍTULO 4

FOTOS

Aquí vemos el Puerto Cabello desde el balcón del apartamento del Toro. Foto tomada en noviembre de 2005.

Cuando su familia fue desplazada del Sector La Isla para el barrio Cumboto II, por la construcción del Puerto principal de Venezuela, temprano en la década del 80. Su casa, la segunda del lado derecho, ahora remodelada y con dos plantas, no es ni la sombra de la casucha humilde y llena de valores donde creció toda la familia. Al final de la calle, se ve la torre, el solar donde el Toro jugó sus primeros partidos de "pelotita de media". Foto tomada en diciembre de 2005.

El primer parque de béisbol del Toro en el barrio Cumboto II. Le llaman la Torre, y está al final de la calle donde se crió. Con mucha frecuencia, se jugaba béisbol de pelotita de media en este escenario. Foto tomada en diciembre de 2005.

La escuela donde estudió el Toro en Cumboto II. Foto tomada en enero de 2006.

El Toro reflexiona en la Biblia, momentos después de su firma como profesional.

Esta foto ilustra la altura donde termina la rutina de ejercicios del Toro en sus primeros tiempos.

Nora, madre del Toro, sujeta a su hijo en sus brazos siendo apenas un bebé.

Fotos de la ruta al Fortín Solano hasta donde corría el Toro durante su primer entrenamiento. Tomada en diciembre de 2005.

Julio Figueroa, después de la entrevista en el campamento militar Destacamento 25 de la Guardia Nacional, donde se celebró el juego amistoso tradicional entre Iglesia de Monte Horeb y el Barrio Libertad. Al fondo, el Toro en la caja de bateo... 31 de diciembre de 2005.

Éstos son jóvenes de la Iglesia Monte Horeb y del Barrio Libertad, luego de un juego de tradición que comenzó bajo la iniciativa del Toro hace ya cerca de 7 años. El juego se celebra el 31 de diciembre, todos los años. Foto tomada en diciembre de 2005.

Aquí vemos al Toro mientras consume un turno al bate. Foto tomada en diciembre de 2005.

Estadio de la Academia de Béisbol de los Cubs de Chicago en Puerto Cabello, Venezuela. De aquí salió el Toro. Foto tomada en diciembre de 2005.

El Toro se prepara para un turno al bate en su equipo de béisbol aficionado Los Toros.

En la entrada del nuevo hogar de Nora y tres de sus hijos en Puerto Cabello; aquí con Ermis (el Negro), el menor. Foto tomada en enero 2006.

Foto tomada en la habitación de Carlos e Ismari Zambrano en su apartamento en Chicago, luego de la entrevista sobre sus orígenes –septiembre de 2005.

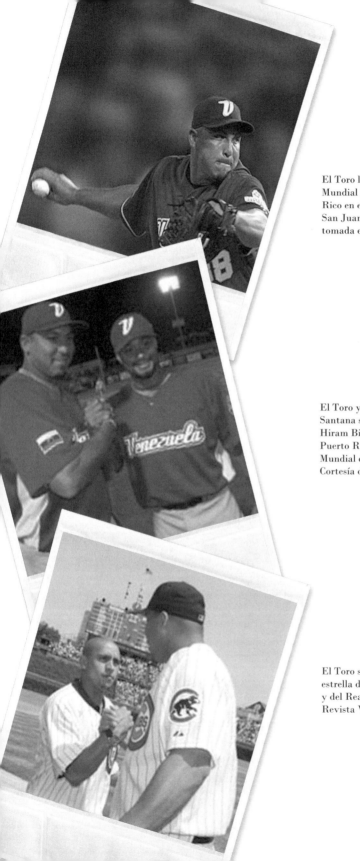

El Toro lanzando en la Copa Mundial de Béisbol contra Puerto Rico en el Estadio Hiram Bithorn, San Juan, Puerto Rico. Foto tomada en marzo 2006.

El Toro y el estelar Johan Santana se saludan en el Estadio Hiram Bithorn, San Juan, Puerto Rico, durante el Clásico Mundial de Béisbol 2006. Cortesía de El Universal.com.

El Toro saluda a Roberto Carlos, estrella de la Selección del Brasil y del Real Madrid en Fútbol. Revista VINE 2005.

El Toro intenta subir con dos de sus hijas, Catherine y Carla, por la montaña de arena de los medanos, camino al Congreso de Jóvenes Asambleas de Dios. Foto tomada en enero de 2006.

Foto tomada en los medanos, camino a la Convención de JECAD (enero de 2006). Arriba Carlos e Ismari (su esposa), y abajo sus tres hijas, Carlis, Catherine y Carla.

El Toro besa a la menor de sus hijas Carlis, durante la apertura del Congreso de Jóvenes de las Iglesias Asambleas de Dios. Foto tomada en enero de 2006.

CAPÍTULO 5

PRIMEROS PASOS

*"Carlos no tiene miedo
hacia ningún bateador…".*
Julio Figueroa, sobre el Toro (2005)

Como parte de mi viaje a Puerto Cabello en diciembre de 2005 a enero de 2006, disfruté de una de las tradiciones que comenzaron con Carlos en cuanto a la integración del deporte y la fe. Se trata de un juego que desde hace siete años, celebran jóvenes de Cumboto II y jóvenes provenientes del barrio de origen de Ismari. El Toro es fiel a esta tradición. Dejando a un lado su estatus como grandeliga, montados en su lujosa "Lincoln Navigator", salimos a buscar peloteros en las humildes calles de Cumboto II. Yo estaba absorto al ver a toda una estrella transitar, detenerse, bajarse, saludar, bromear con todos por igual. En ningún momento, pasó por la mente de este varón de Dios, desprenderse ni un ápice de sus orígenes, sino buscar sin descansar a su equipo, a su guerrilla beisbolera del barrio de sus raíces. En una ocasión, visitamos una tienda de deportes para comprar equipo deportivo para unos niños de la comunidad, a petición del dirigente. Cuando el administrador de la tienda le ofreció unos zapatos de jugar de una marca de pobre calidad, él se los devolvió y le pidió comprar la mejor marca disponible.

Mientras están jugando, y el Toro se ubica en el jardín derecho del equipo, me encuentro con Julio Figueroa; es escucha y entrenador de lanzadores para la Organización de los Cubs de Chicago en Venezuela, y también es asistente para la República Dominicana y Estados Unidos. Fue lanzador aficionado y miembro de la Selección Venezolana; todo un fiebrú del deporte.

Según Julio, las organizaciones de béisbol llegaron a Venezuela con sus academias para la década de los años 80 por medio de la organización de los Astros de Houston. Éstos fueron los primeros en reclutar peloteros y poco a poco algunos se convirtieron en estrellas, tales como Bobby Abreu (Philadelphia Phillies), Freddy García (Chicago White Sox) y Johan Santana (Minnesota Twins). Para mediados de los años 90, llegan los Cubs de Chicago y al poco tiempo se instalaron en Puerto Cabello, más o menos para el 1997.

Habíamos acordado encontrarnos en el parque del campamento militar Destacamento 25 de la Guardia Nacional; precisamente, donde el Toro había organizado un congreso juvenil bajo el lema "Conquistando la Ciudad". Pues, fiel a su palabra, llegó Julio antes de comenzar el desafío. Nos presentamos mutuamente, nos abrazamos, nos movimos a un área de sombra y sin sentarnos, de frente al juego de béisbol, comenzamos a dialogar sobre cómo fue que llegó a ser grande el Toro de Venezuela.

¿Cuál fue esa primera impresión que te llevaste cuando lo viste tirar la primera bola en entrenamiento?

--Estábamos allá a lo lejos como a eso de 90 ó 110 pies y me tiró una bola. Tira duro, le dije. Me tiró una bola sin mucho esfuerzo "fum" y la bola llegó bien, con buena velocidad. Lo metí en un equipo Juvenil pero casi no pitchaba porque no sabía mucho, aún así entrenábamos durante las tardes. Yo trabajaba en una compañía y salía a las 4:30 de la tarde y él me esperaba en casa y ahí nos íbamos a trotar para los cerros.

¿A los cerros?

--Para las colinas. Es un tramo de varios kilómetros que gran parte es subiendo hasta llegar a la cima del cerro donde se encuentra el Fortín Solano (un fuerte al tope del cerro que sirve de atracción turística). Una vez llegábamos al Fortín, trabajábamos con la mecánica de lanzar.

Julio hace hincapié en que aunque si bien entrenaba con él y dedicaba tiempo a su desarrollo atlético no tenía una conciencia firme de que estaba frente a un candidato de gran magnitud. Lo ayudó porque ayudaba a otros peloteros en aquel momento y sobre todo por la humildad que proyectaba.

--Sería algo mentiroso de mi parte si yo dijera que Carlos iba ser una estrella. Simplemente lo ayudé porque yo ayudaba a varias personas y me interesó por su manera de ser. Recuerdo que él corría en unos *jeans* y unos zapatos de escuela. Él no tenía nada en ese momento. Su vestimenta de deporte consistía de una franelilla (una camiseta sin mangas) con un *short blue jean* (tipo mahón). No tenía ropa de correr. Recuerdo que la primera vez que salió a correr usó los blue jeans con unos zapatos sin medias de tacón de suela. Le dije: "¿Y tú vas a correr así?" Y él respondió: "Sí, yo corro con esto, ¿vale?"

¿Cómo eran las rutinas?

--Corríamos velocidad para fortalecer, después hacíamos "screening" y luego practicábamos un poco de mecánica del pitcheo.

¿Qué hacían cuando llegaban a la cima de los cerros, ya en el Fortín?

--Corríamos desde abajo hasta un plano arriba en las colinas altas para fortalecer las piernas; y, luego, hacíamos "trimmer", abdominales y toda la rutina de béisbol. Después de eso, era la práctica de mecánica de pitcheo: levanta los pies de esta manera, saca el brazo así, haz esto... y toda esa serie de cosas. ¡Aprendía muy rápido!

¿Peleaba mucho?

--No. Carlos es una persona de temperamento fuerte en el terreno de juego, porque no le gusta que le bateen, no le gusta perder. Carlos es un ganador que puede ganar millones de dólares, pero siempre será una persona que es ganadora y que no ama el dinero, una persona que ama el juego, ama ganar y ama a la gente.

¿Cuándo te percatas de su verdadero potencial como jugador?

--Mientras estábamos entrenando, llegó un momento en que me llamó un *scout* de Toronto que era amigo mío, de nombre Pedro Ávila. Él me dijo que le organizara un "try out" y así lo hice. Llevé un grupo de muchachos y entre ellos estaba Carlos y, al verlo, le impresionó. Yo le aclaré que tenía sólo 15 años y todavía no podía estar disponible; además, le advertí que todavía sus movimientos eran muy rudimentarios. Ésa fue la primera vez que le pusieron un radar y cuando él lanzó la bola tiró hasta 91 millas. Entonces, Ávila exclamó: "Wow, éste es un diamante en bruto". Ahí fue que, prácticamente, yo vine a saber quién era Carlos. Pero yo tenía poco tiempo entrenando con él, sin ningún interés ni nada porque como te digo yo no tenía mucha experiencia como para decir que era un prospecto. Es más, en la calle, mucha gente que conocía la pelota "amateur" y juvenil, se burlaba de nosotros.

¿Qué decían?

--Que primero me firmaban a mí que a ese "loco"[8] porque "ese loco" no juega pelota. Y quién lo iba a decir... Inclusive se llegó a rumorar que cuando a él lo firmaron, al verlo los norteamericanos, rompieron el contrato porque era un loco y un gringo le rompió el contrato frente a su cara. Cosas que me daban ganas de reír.

¿Estuviste en todo el proceso desde que lo fichan como "prospecto" hasta que finalmente lo firma el equipo de los Cubs?

--Fuimos a un "try out" con los *Blue Jays* de Toronto. Ellos vieron a Carlos y lo invitaron a un "try out" grande que se realizó en Barquisimeto, donde está la Academia de Toronto. Lo acompañé y allí había como catorce peloteros y todos tenían agentes norteamericanos. El único que no tenía agente era Carlos, excepto a mí que fungí como su agente, aunque nadie me conoce. Los otros fulanitos ya tenían sus representantes porque tenían su base. Pero el mejor, sin dudas, era Carlos. Ese día firmaron a dos muchachos... Bueno y a mí me trataron sin respeto porque yo no era nadie para ellos, pues. Con decirte que preguntaban quién es el agente de este pelotero. ¿Quién es ése? No, ése es Julio Figueroa que tiene a un tipo ahí, un tipo que lo carga ahí como dicen, un buscón. Y me ofrecieron $5,000 para Carlos por jugar mientras que a los otros que fueron seleccionados les

---

[8] Es importante recordar el texto bíblico de Pablo a los Corintios.

dieron la suma de $35,000 y $40,000. Y a Carlos le estaban ofreciendo $5,000 claro porque no lo tenía nadie. Contra y yo creo que en ese momento y siempre quien vale es el pelotero y no el agente. Gracias a Dios que eso luego cambió. Yo creo que fue una equivocación de parte de ellos.

¿Llegaron a un acuerdo?

--No llegamos a ningún acuerdo. Les dije que no estábamos ni cerca de lo que yo quería. Entonces, me preguntaron si se iba a quedar, y respondí que iba a seguir entrenando conmigo y así fue. Seguimos entrenando en el barrio, tranquilos. Luego, los *Chicago Cubs* le ofrecieron una mejor opción y lo llevaron a Estados Unidos.

Y en ese tiempo después que él fue a Toronto, fue a algún otro "try out"?

--Fuimos a un "try out" antes con Arizona *Diamondbacks*, cuando recién habían empezando. Lo vieron los *Marlins* y quería verlo un supervisor de ese equipo pero ya estábamos con Toronto. Logré que lo vieran porque el supervisor en ese momento vino a Venezuela y me pidió verlo. Entendí que no había problema y accedí. Luego de verlo nos ofrecieron $12,000 y yo le dije que no, que lo dejara de esa manera y no llegamos tampoco a ningún acuerdo. Y todo quedó ahí.

¿Qué te decía él cuando le decías que no a las ofertas que recibía?

--Carlos es muy disciplinado y se deja guiar. Él sabía que cuando yo le decía algo tenía una buena razón. Gracias a Dios.

¿Él respetaba? Y, categóricamente, responde de forma afirmativa.

--Carlos siempre me ha respetado. Todavía a estas alturas, ya en Grandes Ligas y camino al estrellato siempre respeta mis posiciones. Siempre hemos estado de acuerdo en casi todas las cosas. Él confía mucho en mí.

Y, entonces, después de los Marlins, llegaron los Cubs.

--Primero los *Blue Jays*, después los *Marlins*, luego los *Diamondbacks* y finalmente los *Cubs*, a cuya Academia ingresó Carlos. La razón fue porque queríamos una mejor opción, para llevarlo a Estados Unidos cuando cumpliera los dieciséis años.

¿No lo firmaron aquí en Puerto Cabello?

--No. Lo firmaron en Estados Unidos. Luego de ver su potencial y desarrollo. Para ese tiempo, este tipo de transacciones se podían hacer. Y Chicago lo llevó a Estados Unidos, lo mantuvo y lo firmaron allá.

¿Por cuánto firmó finalmente el Toro?

--Carlos firmó por $130,000.

O sea, que si llega a coger los $5,000 primero…

--Imagínate. Yo sabía lo que podía dar el Toro y que realmente era todo un prospecto.

¿Cuánto tiempo pasó desde el primer "try out" hasta que firma en Chicago?

--Pasaron como seis meses, más o menos.

Fue un tiempo rápido e intenso...

--Sí. El Toro ha evolucionado muy rápido y yo creo que ni él mismo se conoce como yo lo conozco. O lo que yo sé que él puede lograr en el béisbol. En una ocasión, ante unos norteamericanos, cuando él apenas jugaba en las Ligas Menores yo dije frente a Tommy Miranda que el Toro iba ser mejor que Kerry Wood y que Mark Prior. Y me dijeron que yo estaba loco y que si sabía lo que estaba diciendo. Les riposté afirmando que yo conocía a Carlos, que sabía de qué era capaz y cuáles eran sus limitaciones. Posteriormente mis palabras se convirtieron en realidad. [9] Todavía horita lo que se ha visto es la mitad de lo que también da ese muchacho. No se ha visto a Carlos Zambrano completo.

¿Qué quieres decir?

--Que todavía no han visto a Carlos Zambrano al 100 por ciento. Han visto sólo un 50 por ciento, porque no es fácil venir de una familia humilde y ser una persona pobre y de repente agarrar la fama de un día para otro. Es algo que hay que ponerse en los zapatos de esa persona para uno medir. Ni yo mismo sé, pero como lo conozco tanto, y no es fácil tener nada y, de repente, de un día para otro, tenerlo todo. De momento, tener un trabajo y tener para comprar un carro que nunca tuviste. Y no debe ser fácil manejar la concentración del juego del béisbol y ajustarse a un nuevo estilo de vida. En la medida que se hagan los ajustes, veremos a un mejor Carlos Zambrano. Mientras

---

[9] Las últimas cinco temporadas el Toro ha sido más consistente que ambos lanzadores estrellas.

vaya madurando, vaya concentrándose más, él será mucho mejor.

Recordando el tema de la pobreza Julio rememora cómo era la casa donde iba a visitar al hermano del Toro.

--Era una casa rústica, de madera. Sus padres, siendo pobres y con tantos muchachos, los echaron a ellos para adelante. Recuerdo que había un televisor, comprado por su hermano Dennis en Caracas, cuando jugaba conmigo, y no había muebles. Lo que más admiro de Carlos es que a pesar de tener tanto (y yo conozco muchas personas que por tenerlo todo se han descontrolado), es horita la misma persona. Su cambio ha sido para bien. Se lo puedo garantizar yo, es una persona humilde.

¿Cómo describes la disciplina del Toro en el entrenamiento?

--Trabajaba muy duro. Siempre oyendo mucho. Todavía me sorprendo que todavía él se acuerda de cosas que le decía en aquellos tiempos. Siempre le decía: "Carlos, cuando tengas los millones que tengas, porque tu vas a tener muchos millones, sé siempre humilde, trata de ayudar y déjate ayudar que eso es lo más bonito de la vida. Porque llegará el momento en que podrás comprar lo que quieras pero no puedes comprar la amistad, la humildad, sentirte bien, ayudar a otras personas. Eso es lo más bonito". Además le decía que cuando el pitcher está hecho físicamente debe trabajar la parte mental que es muy importante. Porque, cuando un tipo te tira de 95 a 97 millas, tiene que trabajar más y más en este aspecto, que es en lo que yo siempre trabajé con él, pues.

¿Cómo lo hacías?

--Pues diciéndole cositas: sobre las cosas buenas y malas que iba a encontrar, tal vez más cosas malas que buenas, que son cosas que están dentro de un "clubhouse', en un "dugout" que trata de los periodistas, de los fanáticos y si tú eres de mente débil en el béisbol no llegas a nada.

¿De qué se debe cuidar el Toro?

--Personas que hablan cosas malas, que son agresivas. Personas que hacen daño al juego, son irreverentes con los entrenadores y los dirigentes y con los novatos. Debe procurar aprender de lo malo hasta más que de lo bueno. Debe cuidarse de quienes lo quieren adular solamente y debe lograr mantener su personalidad que es linda.

Carlos es un muchacho que salió de una casa en una vereda y de repente lo tiran en Chicago que es todo un mundo nuevo. Él tuvo sus problemas, Carlos perdió como 5 ó 6 vuelos, y cuando tenía que volver a las Menores, decía que no se iba, que no se quería ir: "Yo no quiero irme más pa'lla, no quiero irme para Estados Unidos, no quiero jugar más pelota". Así se me ponía.

Estas expresiones de Julio revelan un aspecto de lucha interna y soledad y ajuste que el Toro, y muchos peloteros encaran al salir de su territorio para enfrentarse a uno que es en ocasiones más hostil. Estos momentos ocurrieron en varias instancias en el comienzo de su trabajo en Ligas Menores...

--Después que firmó como profesional, pasaba todo el año en Estados Unidos y llegaba a Venezuela para el mes de septiembre. Bueno, pues en una ocasión, al final del mes de noviembre, lo querían enviar a un programa especial para prospectos. Llegó la fecha y tenía que llegar por lo menos a las seis de la mañana a Estados Unidos. Al día siguiente me llamó el Toro para decirme que le habían robado el pasaporte, que le habían robado el pasaje y que había botado tal o cual cosa. Todo era mentira, era que no se quería ir. Finalmente admitió que no quería irse. Se me ponía renuente y los norteamericanos (los directivos de los Cubs) decían muchas cosas.

Sobre esos procesos difíciles ya el Toro me había contado que: "hubo muchos momentos en los cuales no quería viajar para Estados Unidos, en particular antes del matrimonio en 1999. Pensaba en mis amigos y en mi familia. No los quería dejar, imagínate toda una vida con ellos, éramos muy apegados. Y no es que me fuera mal en Estados Unidos, pero no quería dejar a mi gente. Trabajé con este asunto y lo que hice fue decidir no pensar en eso. Trataba de ignorar los sentimientos de nostalgia cuando me atribulaban; los rechazaba y trataba de no pensar, por la soledad que eso me generaba. Tenía amigos allá, pero no era lo mismo. Tendía a usar cuanta excusa había, desde el extravío del pasaporte hasta perder el vuelo, pero en el fondo no me quería ir. Fue un proceso muy duro de transición donde tuve que desprenderme de ellos (familia y amigos) y ubicarme mentalmente en Estados Unidos. Inclusive, dejé de utilizar frases familiares en este proceso. Esto cambió bastante cuando me casé con Ismari y ella se fue para Estados Unidos. Sin embargo, cada año que pasaba en el norte era un año más de experiencias perdidas con mis hermanos. Extrañaba nuestros gestos, nuestros chistes, la manera que vacilábamos a mi mamá. Después de haberme casado no pude traerme a mi esposa porque no me dieron la visa, imagínese el primer año de matrimonio y sin ella, lo difícil que fue dejar a mi esposa por seis meses".

Julio comenta las expresiones de los directivos de los Cubs al ser testigos del problema de integración del Toro.

--Decían que Zambrano no tenía cabeza. Que cómo iba a ser eso. Que ese muchacho estaba "loco". Es que nadie sabía de este muchacho, yo les hablaba sobre su vida. Que era un muchacho que no tenía experiencia de nada. Que no es fácil salir de aquí, estar horita aquí en una casa humilde y un televisor para de repente ser firmado y partir a Estados Unidos, como un "prospecto". Les hablaba a los norteamericanos porque nadie sabía quién era ese muchacho, nadie sabía que él no tenía experiencia, que para él no era algo fácil. Carlos Zambrano, en estos momentos, con todo su precio no sabe quién es y eso es algo que el Toro está aprendiendo.

¿Qué ideas pasaban por su mente?

--Que quería estar en su iglesia, con su familia. Él no sabía dónde estaba pisando. El choque cultural, la soledad, estar enamorado y muchas cosas que él no comprendía, pues. Que esto es un negocio, que no era solamente un juego, que era un "prospecto". Tantas cosas, qué te digo, que no se pueden procesar fácilmente. Sin embargo, nunca hemos perdido comunicación. Carlos me llama después de los juegos. Ahora en Grandes Ligas y si yo lo veo por televisión me pregunta si lo vi lanzar y compartimos ideas sobre sus lanzamientos.

Mientras estamos hablando vemos al Toro poncharse haciendo "swing" de verja en el juego de la Guardia.

Desde tu perspectiva como lanzador y entrenador de lanzadores, ¿cuáles son los mayores atributos y defectos que tiene el Toro como lanzador?

--Lo mejor que tiene Carlos es que no tiene ningún miedo hacia ningún bateador; eso te lo puedo asegurar. Dentro del terreno de juego, no respeta a nadie, en el buen sentido del término, aunque fuera de terreno él respeta a todos los jugadores. Ahora, dentro del juego, sí tiene que perrear; lo hace porque está consciente de que quiere ganar. Yo creo que se nace con ello, no se enseña. Carlos no le tiene miedo a nadie, no le tiene respeto a nadie cuando está parado en el "homeplate" Tiene una recta con movimiento de más de 90 millas que no es fácil de batear; tiene confianza en ella; es muy incómoda, se corta e intimida mucho en el montículo. En cuanto a defectos, para mi horita es que a veces hace pitcheos innecesarios, particularmente cuando ya tiene al bateador en dos "strikes". No viene con su recta que es el pitcheo más difícil de batearle a él en Grandes Ligas.

Una recta de Carlos, según los expertos, es una de las rectas más difíciles de batear... En los últimos cuatro años, ha sido el tercer lanzador con mejor efectividad en las Mayores, seguido del dominicano Pedro Martínez (de los Mets) y el venezolano Johan Santana (de los Twins). No obstante, para que tenga más durabilidad en el béisbol, el Toro tiene que tratar de hacer menos pitcheos por juego; no hacer más de 120; 110 sería lo ideal... pero es difícil. Esto lo mejorará con el tiempo. A él lo caracteriza ese mismo ímpetu, motivación y agresividad. Con esa adrenalina, tiende a tirar el hombro delantero y automáticamente el brazo viene un poco más largo y la bola no tiene dirección hacia la zona de "strike". Es decir, que cuando va hacia el plato y tiene un bateador en dos "strikes" y lo quiere ponchar, y le quiere tirar una recta, no coordina bien. Ya ahí se descontrola porque quiere tirar la bola tan duro y hace las cosas con tantas ganas que pierde la concentración. Eso es una de las cosas que puede mejorar. Pero tiene toda la madera del mundo para ser un tremendo pitcher por muchos años. También, es un buen bateador y, aún con su tamaño, es un buen corredor.

Bueno y tuvo promedio de bateo de .300, este año 2005…

--El Toro es un tremendo atleta.

¿Crees que Carlos es una persona que quiere ayudar a su tierra?

--Sí, sí, sí. Eso lo hemos hablado, lo hemos conversado. Porque hay una cosa que es una virtud saber lo que está en el ambiente y es que, también, un atleta tiene que cuidarse de la gente que está a su lado.

Hacemos una pausa porque el Toro acaba de batear un triple cómodo por el mismo jardín central, de aproximadamente 330 pies…

--Si fuese por él, estaría aquí siempre. A él le gusta mucho estar aquí en Puerto Cabello.

¿Sientes que el Toro se adaptó a la cultura en Chicago?

--Él es una persona que se adapta a todo, se adaptó a la cultura norteamericana. Carlos es una persona muy inteligente.

Y habla un buen inglés también…

--Sí lo habla, aprendió inglés rápido. De hecho, en la entrevista que le hizo la revista de los Cubs (Vine Line

Vol. 20 No. 11), Jim McArdle menciona que su inglés es superior y que de hecho ha servido de traductor para otros peloteros latinos.

Para Julio, algunas de las claves que han ayudado al Toro a su éxito en el deporte y en la vida son la constancia y perseverancia en cuanto a las metas que se impone, más allá de los obstáculos. Pensando en esta virtud nos cuenta una anécdota significativa vivida con el Toro mientras militaba en las Ligas Menores.

--En Estados Unidos, luego de jugar la Clase A media, le tocaba jugar legalmente la Clase A fuerte porque había hecho el trabajo. Las ligas menores se dividían en aquel momento en *Rookie League*, Clase A suave, Clase A media y Clase A fuerte. Esta última era una liga fuerte por la que pasaban todos los prospectos. Él venía de jugar en el equipo de Lansing, Michigan (la Clase A media) y le tocaba la Clase A fuerte; pero después cuando terminaron el entrenamiento lo pusieron en la Doble A. Pues ya en Doble A y luciendo bien, decidieron bajarlo a Clase A fuerte. Luego, en una reunión, me enteré que lo iban a bajar a Clase A. Me digo a mí mismo que no podía ser porque Carlos está jugando bien en la Doble A y yo era consciente de que el Toro estaba emocionado porque venía de Doble A y de un buen entrenamiento. Preocupado le expliqué a Carlos la situación porque sabía que se iba a molestar y le suavicé la cosa para que aceptara y no se desanimara. Eso fue en su tercer año y le tocaba jugar Clase A fuerte. Le expliqué que esto era un trámite normal entre los peloteros. Pero él respondió: "Oye Julio, a mí no me baja nadie; de aquí no me mueve nadie". Y para mis adentros me decía que estaba loco, ahora era yo el que decía que estaba loco. Y yo no se qué pasó después, que arrancó el equipo Doble A y terminó jugando en el equipo Doble A. Le dijeron que iba a seguir jugando en Doble A y después lo moverían a Clase A fuerte. Pero el cambio nunca se dio. Bueno, fue el mejor pitcher en los primeros dos meses en toda la organización, y finalmente, lo subieron, ¡pero a Triple A!

¿Ese mismo año?

--El mismo año. ¡Imagínate! Terminó pitcheando 134 entradas en Doble A. Ese año no jugó en las Grandes Ligas porque le tuvieron que operar la rodilla. Fue una lesión leve, y al año siguiente, jugó en las Grandes Ligas.

Sobre ese asunto Carlos ya me había comentado que Lester Strode, entrenador de lanzadores de las Menores, le mencionó que lo iban a tener que bajar a Clase A Fuerte porque era parte del proceso pero que luego lo iban a subir. Toro objetó que lo bajaran, pues quería que le dieran una oportunidad para así demostrar que él podía hacer el trabajo. "Tuve que esforzarme y trabajar duro y luchar y poner a un lado los pensamientos de la familia. Ése fue uno de los momentos más memorables en mi vida porque brincar de Clase A media a la Doble A es algo que pocos logran hacer. Me ilusioné primero, pero luego me dijeron que estaba en la lista de Doble A y me iban a poner en Clase A fuerte".

Esto ocurrió en el proceso del comienzo del Spring Training cuando preparan las listas para las diferentes ligas. Sucede que durante el entrenamiento, el Toro lanzó veinte entradas y sólo permitió una carrera. Naturalmente hizo el equipo y Strode lo llamó después para darle la noticia y felicitarlo. Posteriormente, estuvo dos meses en Doble A y luego lo subieron a Triple A, donde tuvo tremendos números.

--Otro reto importante que enfrentó Carlos fue cuando querían que fuera taponero (closer). Él, en obvia señal de frustración, me dijo que lo que quería era jugar béisbol y no le gustaba la idea de no poder iniciar juegos.

De hecho, comenzó su carrera en el equipo grande como relevista. Sin embargo, al día de hoy no sólo ha sido el lanzador más consecuente de los últimos cinco años para los Cubs sino que los Orioles de Baltimore lo prefieren, en el mercado de cambios, antes que a Mark Prior, que es otro gran iniciador de juegos de los Cubs. Esto, según Julio, es un indicador que ven en el Toro a un tipo fuerte.

Le pregunté a Julio que ¿cuál debía ser la importancia de este libro para las personas que no lo conocen?

--Si este libro llega a Estados Unidos, es sumamente importante que los norteamericanos sepan de dónde viene el Toro. Yo creo que él es un gran valor de Venezuela para el mundo.

En el caso de los venezolanos ha habido un avivamiento, usando una palabra evangélica, de buenos jugadores. ¿Coincides conmigo?

--Es cierto, no se había dado antes. Las academias de béisbol tienen mucho que ver con ese avivamiento. Los muchachos cuando llegan a Estados Unidos ya saben jugar béisbol. Antes, cuando firmaban iban a aprender el fundamento y a la misma vez competir en Estados Unidos y eso era algo más difícil porque los americanos estaban más adelantados. Las academias juegan sus ligas de verano aquí en Venezuela. Y a veces, se dan hasta tres juegos por semana. Cuando se está en entrenamiento, se les provee del fundamento. Hay una rutina. Cuando llegué a Estados Unidos noté que se hace la misma rutina que se realiza en Venezuela. Lo único que cambia es el lugar pero todo el fundamento es el mismo.

La gente en Chicago ¿quiere al Toro?

--La gente en Estados Unidos lo quiere mucho, en especial en la ciudad de Chicago. El Toro es una persona sencilla que se entrega al pueblo y que se lleva muy bien con la fanaticada de Chicago. Son como almas gemelas. Yo le digo: "Carlos si te ofrecen diez millones en Chicago por temporada y los Yanquis te ofrecen doce millones ¿tú te vas?" Y él dice con énfasis: "¡No! Yo me quedo en Chicago". Él quiere vivir en Chicago porque se siente bien allí. Ésa es su predilección, aunque está consciente de que esto también es un negocio.

¿Cómo comparas al Toro con otros lanzadores venezolanos que ya son estrellas?

--Bueno, en ese aspecto, tienen más experiencia que Carlos y tienen como te digo lo que le falta a Carlos, en términos de control. Todo el mundo dice que Carlos es muy descontrolado. Sí, pero ésa es la manera de lanzar de él. Él va a controlarse un poco más, pero siempre va a ser así. Ahora, cuando se controle un poquito más va a ser mucho mejor. En términos de condición física, aquí en Venezuela, no hay un pitcher que tenga la condición que tiene Zambrano. Es un hombre fuerte, lo puedes ver en las estadísticas. Esto es lo que se quiere de Carlos. Él puede estar en todos los juegos de estrellas si él quiere y ha llegado donde está por sus propios méritos y los números están ahí. Aunque a los lanzadores en el juego de estrellas lo escogen los dirigentes, este año no estuvo porque no tenía los números en ese momento. Pero después de la primera mitad de temporada, hizo un mejor trabajo.

Escuchándote a ti que conoces bien el béisbol, y que además conoces la personalidad de este atleta, yo no tengo ninguna duda de que el Toro va a tener sus 20 años sólidos en las Grandes Ligas, si Dios lo permite claro está.

--Él persevera mucho y es una persona con un buen corazón y muy inteligente. Conseguir una buena persona en la vida a veces es difícil y, si tiene dinero, es más difícil aún. Gracias a Dios por el Toro de Venezuela, Carlos Zambrano.

CAPÍTULO 6

SU LLEGADA A LA GRAN URBE

"Yo pertenezco a este lugar…
si yo dominé a Alex (Rodríguez)…
yo puedo lanzar en Grandes Ligas".
El Toro (2002)

Este libro no tiene el propósito de ser exhaustivo sobre el desarrollo del Toro en Grandes Ligas. Sin embargo, es conveniente conocer brevemente la llegada del Toro a la gran urbe de Chicago.

La siguiente es una entrevista al Toro junto con su primer amigo cuando llegó a Chicago para el circo grande: el pastor y ministro de la música sacra, Isaías Mercado. La misma fue realizada en el hogar del Toro en Puerto Cabello. En ella presentamos cómo fue la experiencia del Toro al recibir la noticia de su llegada al equipo grande. Cabe señalar que Carlos Zambrano tuvo dos llegadas a las Grandes Ligas. En la primera ocasión, se dio una escasa participación antes de ser bajado nuevamente a Triple A donde disfrutó de una destacada participación [ver estadísticas 2001]. En la segunda ocasión, fue una experiencia para quedarse en Grande. También el lector verá aportaciones de Tommy Miranda, su amigo y agente.

Acabábamos de comer y le sugiero a Carlos y a Isaías que hablemos sobre la llegada a las Grandes Ligas. Había que aprovechar cada momento porque el Toro tiene mucho que hacer cuando está en Puerto Cabello. En esta ocasión el Congreso de las Iglesias Asambleas de Dios en Venezuela en el estado Falcón y todas las actividades que siempre quiere hacer en su tierra junto a familiares y amigos. Nos fuimos al cuarto de Carlos y, sin mayores distracciones los tres nos recostamos en su cama y comenzamos la entrevista. Comienzo con Isaías y su encuentro con el Toro...

Cuenta Isaías que Carlos le pidió al capellán del equipo Noel Castellanos que le ayudara a buscar una iglesia en Chicago. Castellanos buscó a Isaías y le pidió de favor si era posible que lo ayudara con un pelotero que iban a subir: un pelotero joven de Venezuela llamado Carlos Zambrano.

--Es ahí donde por primera vez me dio el número de teléfono del hotel *Hampton Inn* en *Illinois*, y yo llamé a Carlos, y lo fui a recoger. Si no me equivoco, fue un miércoles. Recuerdo que fui en un carro prestado, más cómodo, porque mi carro estaba dañado y no quería que se sintiera incómodo. Fue ahí cuando recogí a Carlos y a Ismari y los llevé para la iglesia.

El Toro comenta sobre su llegada a Chicago...

--Recuerdo que me llamó el Director de Ligas Menores para ese entonces, Oneri Freita y el Manager de la Triple A. Realmente, la primera vez que me subieron para las Grandes Ligas no fue tan emocionante como la segunda vez.

O sea, te subieron una primera vez, y te bajaron... y la segunda fue la vencida...

--Me subieron y me bajaron; después que lancé contra Milwaukee, duré como diez días en Triple A. De hecho, creo que mi esposa se quedó en Chicago esta vez. Me pusieron en el "locker" al lado de nada más y nada menos que Sammy Sosa. Cuando veo el nombre mío cerca del nombre de Sammy Sosa, un novato como yo, una persona que no tiene ni un día, ni horas en Grandes Ligas al lado de un caballo como Sammy Sosa, que para aquel entonces, estaba dando los palos, estaba sonando más que Mcguire y Barry Bonds. Imagínate, estaba sonando más que la "Banda Gorda" en sus tiempos.

(Risas)

--Yo llegué a Chicago un domingo. Estaba en Iowa y el equipo en Arizona. Me acuerdo que me fui al hotel para anotarme y cuando yo trato de buscar el juego en el televisor resulta que el hotel no tenía el canal, entonces tuve que ir para un Sports Bar, que estaba cerca del hotel y allí fue que pude ver el juego. Al día siguiente tuvimos doble juego.

Estabas viendo un juego en el cual ibas a participar al día siguiente... ¿Qué pasaba por tu mente en esos momentos?

--Suma felicidad. Mientras le lanzaba al equipo de los Brewers de Milwaukee, muchas cosas pasaban por mi mente. De hecho, cuando estaba en Chicago, una de las cosas que pasó por mi mente fue un recorrido desde Puerto Cabello, la firma, pasó todo por mi mente. Dije: "Ya estoy aquí y lo que hay es que arrear el burro". A mí me gusta hablarme a mí mismo pues, y me dije: "Carlos Zambrano estás aquí ya y lo que hay es que darle fuerte al caballo".

El Toro comenzó su carrera en Rookie League donde estuvo un año. Luego un año más en Clase A media y después de Clase A media subió a Doble A, donde se quedó en contra de la voluntad de los directivos y tuvo una efectividad de 1.35, siendo el mejor lanzador.

--Bueno llegué al *Wrigley Field* y recibí una llamada del Director de Ligas Menores, quien me dijo: "El primer juego es mañana a tal hora y no puedes estar en el primer juego porque todavía no estás en la lista del equipo; llega por ahí cuando estén en la séptima entrada. Y así fue, cuando llegué estaban en la sexta entrada y pues, puse mi bolso allí, saludé a toda la gente que había visto en el entrenamiento de primavera y me dieron mi uniforme. Me dieron el número 38.

¿Tú lo pediste?

--No. En las (Ligas) Menores, yo era el número 67. Cuando llegué a las Grandes Ligas, me dieron el 38 y yo no quise cambiarlo y decidí que ese fuera el número durante toda mi carrera en el equipo grande. Bueno, yo lancé ese día. Sí, llegué al juego y era un "double header" contra Milwaukee. El primer juego lo lanzó John Lieber y creo que lo ganó Chicago. Después cuando se acabó el primer juego entró toda la gente. Entró Sammy (Sosa), obviamente, para descansar y ponerse a tono para el segundo juego y estaban varios peloteros y todos se portaron muy bien conmigo. Los saludé y, pues, lleno de emoción porque estar allí en el "clubhouse" de las Grandes Ligas… y después, vino el entrenador de pitcheo y me dijo: "Bienvenido…".

Y los lanzadores, ¿cómo te recibieron?

--Muy bien.

¿Cómo fue esa primera relación con el entrenador de pitcheo? Se sonríe como quien no quiere decir toda la verdad, pero es que el Toro lo va a decir aunque no guste mucho. Pero le va a

buscar el lado positivo como tiende a hacer con todas las cosas…

--Te digo una cosa, fue duro conmigo, muy duro, muy fuerte. En el sentido, que era una persona con un carácter que le gustaba regañar, no importaba que tú fueras hombre, te decía las cosas en tu cara, a veces trataba a la gente como si no valieran nada, ¿tú entiendes? Pero yo creo que lo hacía porque veía potencial en un muchacho y ese era su estilo, y esa fue una de las cosas que me ayudaron porque soy un hombre de retos. Es que, cuando no puedo saltar algo, trato de saltarlo, ¿entiendes? Si estoy en una carrera de cien metros con vallas y no puedo saltar los obstáculos, voy a hacer todo lo posible para saltarla… hasta lograrlo.

Isaías interrumpe…

--Un día yo vi una diferencia en la vida de Carlos. Fue cuando le lanzó a los Rangers de Texas.

Sobre esta experiencia nos cuenta Tommy Miranda lo siguiente:

--Durante la primera ronda de juegos interligas en el año 2002, los Cubs jugaron contra los Rangers de Texas. En esta oportunidad el Toro se enfrentó a estrellas como Iván y Alex Rodríguez. En ese momento, estaba fungiendo como relevista y entró para enfrentar a Iván. Le lanzó un sinker hacia adentro, pero como Iván es fuerte logró un batazo débil de hit por el medio del terreno. Luego vino Alex, lo llevó a conteo de 3-0. Le lanzó una recta durísima, a la que le hizo cruzar el bate, bateando así una rola por el campocorto. Buena para forzar a Iván en segunda.

Sacar de out a uno de los mejores peloteros del juego en esos momentos le dio mucha confianza. Iván, al finalizar el juego se acercó al Toro y le dijo: "no me pitchees más ahí, me vas a romper los dedos".

Ése fue el día en que el Toro dijo: "Yo pertenezco a este lugar. Si dominé a Alex, puedo lanzar en Grandes Ligas". El primer año del Toro en el equipo grande no fue el que cualquier persona hubiera deseado. No sorprendió en lo absoluto…

--Yo no tenía experiencia, no conocía a los bateadores y, sin embargo, siempre salí a flote. Inicié uno o dos juegos, y en los demás estuve como relevista, hasta una semana antes del Juego de Estrellas del 2002.

Sobre este tema nos cuenta Tommy Miranda que cuando lo subieron a grandes ligas, tuvo que competir por un espacio en la rotación de iniciadores con Juan Cruz. Éste es un buen lanzador dominicano, hijo de pastor, que hizo tremendo juego en la competencia. De hecho, terminó ese año con promedio de 3-1 y 3.22 de efectividad. Carlos sintió la frustración, había perdido la oportunidad. Más aún si se piensa en que, según algunos, uno tiene una sola oportunidad para llegar al gran circo. Luego lo subieron como relevista, ya que le faltaban pitcheos para ser iniciador. Lo interesante es que a veces lo que para el mundo es imposible, para Dios es posible.

El Toro sigue contando…

--Para mí, el 2001 fue un año histórico porque fue el momento en que llegué a las Grandes Ligas por la gracia de Dios. Si Carlos Zambrano ya no existiera, mis hijas pueden decir a mis futuros nietos que yo estuve en Grandes Ligas. Puedo decirle a la gente ¡yo estuve en Grandes Ligas! Para la gloria de Dios, hasta donde quiso que estuviera. Ya sea un juego o veinte años, estaré aquí hasta que Dios quiera.

¿Cómo te sentías relevando?

--Bueno, siempre me sentía mal relevando. Como te dije, soy una persona de retos, que me gusta estar metido en el juego y siempre estoy pendiente de los bateadores, analizándolos. Si no, estoy adentro, en las computadoras del equipo chequeando alguna cosa de los bateadores o viendo el juego por televisión, que es donde más se pueden captar los pitcheos. Así soy yo, muy hiperactivo, dinámico, que me gusta lanzar y correr. Siempre lo he dicho, que yo quiero ser un jugador, un pitcher completo, uno que robe bases, que saque bolas y que batee.

El Toro es el único lanzador en la historia de los Cubs de Chicago que ha bateado de jonrón a ambos lados del plato en una temporada; y su marca de bateo para el año 2005 fue de .300, algo digno de un bateador emergente. En una reciente entrevista de la Revista Vine, *su compañero y amigo Aramis Ramírez expresó lo siguiente: He's always around there, watching the game and paying attention... he's got his spikes on, just in case he's asked to pinch run or pinch hit. He's always in the game (Vol. 20, No. 11; p. 15). Estos comentarios de su amigo y colega dan fe de su percepción de sí mismo en el deporte.*

--Por eso cuando se ofrece la oportunidad de tocar la bola, yo la toco, cuando se presta la oportunidad de hacer un bateo y corrido o "hit and run" yo estoy a la orden para hacer cualquier cosa. Como la gente me ve pesado y grande, a lo mejor les da temor de soltarme o de hacer alguna jugada conmigo en la parte ofensiva. Yo, por otro lado, digo que para mí es un bochorno ver a [Greg] Maddux robándose una base. Cada vez que Maddux se roba una base, yo bajo mi cabeza, porque es un señor de 38 años que muestra mejores condiciones que yo, robándose bases.

(Risas)

En su novena victoria contra los Mets de Nueva York, el 15 de julio de 2006, el Toro se robó la primera base de su carrera. Luego de llegar a la inicial por sencillo en el cuadro, se robó la segunda almohadilla sin señal del entrenador. Al finalizar el partido le preguntaron cuál había sido la motivación: "Fue Greg Maddux". Al respecto mencionó su dirigente Dusty Baker: "The guy's a ballplayer, he's not just a pitcher... He's a runner, he's a hitter, he's a fielder. This guy comes to play."

Tú te mueves bien...para tu peso y estatura. Yo te he visto corriendo.

--Gracias a Dios me estoy preparando bien. Cuando estuve entrenando aquí en Venezuela hice las 60 yardas en 7 segundos; que no está mal para un hombre pesado y grande como yo.

Tienes que dejar de comer arepas...

(Risas)

¿Cómo fue la competencia por obtener un espacio en la rotación del año 2002?

--En el 2002, Juan Cruz empezó bien en el sentido de que tenía buenas presentaciones, pero perdía los juegos. Llegó a tener récord de 1 y 11 ó 2 y 11, algo así, aunque con la efectividad bajita.

(En total, tuvo récord de 3-11, 3.98 E.R.A., en 45 juegos.)

--Luego, lo pasaron al "bullpen", y comenzaron a evaluar quién lo iba a reemplazar en la rotación. Quien seleccionaba a los lanzadores, necesitaba uno que abriera y decidieron darme una segunda oportunidad. En ese juego, lancé cinco entradas buenas contra Atlanta y me hicieron sólo dos carreras sucias. Esta vez aproveché el turno y de ahí para acá, ya tú sabes…

En el 2002, estabas en tu primera temporada completa. Allá tienes récord de 4 y 8, estuviste mitad del tiempo relevando y mitad iniciando. ¿Cómo te sentiste en esa temporada?

--Al principio me sentí un poco confundido, no estaba asentado en las Grandes Ligas, no tenía todavía la práctica necesaria. Pero no pensé en abandonar aquello porque fui comprendiendo el propósito de Dios en mi vida. Fui conociendo qué era lo que Él quería para mi vida y una de las cosas que quiere para mí es estar en las Grandes Ligas.

En cuanto a la transición cultural, parece ser que hablas muy bien el inglés.

--Eso fue, también, cosa del mismo Dios porque cuando estaba en la Liga de Novatos no asistía mucho a las clases de inglés. Las clases eran a las cuatro de la tarde, a veces a las dos o a las tres y a esa hora, nos sentíamos cansados.

Me quedaba dormido. Pero llegó un momento cuando empecé a preguntar cómo se dice esto, cómo se dice aquello, cómo se combina el verbo tal con el verbo éste y preguntando, y hay un dicho que es muy claro, "preguntando se llega a Roma". Y pues yo empecé a preguntar y a hablar con los gringos…Sin tener miedo… Y, entonces, todos los días trataba de adquirir o aprender una palabra nueva. Cuando yo aprendo una palabra nueva, trato de repetirla mucho hasta perfeccionarla.

Hasta hiciste un comercial allá en Estados Unidos…

--Con Chevy, la guagua, son varios comerciales que ya he tenido la oportunidad de realizar.

Isaías interrumpe para aseverar…

--Carlos es atrevido y por ser lanzado se tira y comienza a hablar y muchas veces yo he estado con él y me mira a mí y me pregunta: "How do you say that?". Entonces, yo le digo una palabra, pero por ser tan osado, es que él aprendió.

El Toro confirma…

--A mí me gusta aprender, saber y lo que no sé, trato de estudiarlo.

Vienes de una comunidad pobre de Venezuela, del Puerto Cabello que es una ciudad con un puerto importantísimo y con una de las refinerías de petróleo principales. Sin embargo, es una comunidad con serias limitaciones económicas como tantas otras en distintas ciudades y pueblos del mundo, incluso en Estados Unidos. Pero llegas a una ciudad cosmopolita, grande e importante en el mundo entero, y entras a Wrigley Field donde converge una amplia tradición beisbolera y una fanaticada muy exigente. ¿Cómo fue ese choque o encuentro?

--Con relación a los fanáticos, recuerdo que en una ocasión le propiné un ponche a Richie Sexson cuando jugaba con Milwaukee. Me emocioné tanto que hice mi usual gesto de agresividad, pero no fue hacia él, porque a él yo lo respeto y es una persona muy tranquila y es mi amigo. Era una entrada bien importante y cuando hice el gesto, la fanaticada de unos 38,000 ó 39,000 personas se paró y empezó a aplaudirme y a gritar. ¡Se me pararon los pelos! Yo llegué al "dugout" y me senté y lo único que dije fue: "Wow". Impresionante. Cómo la gente respalda a uno, cómo a la gente le gusta eso. Yo digo que al fanático de Chicago le gusta la acción, la pasión debe ser porque tienen años que no ganan, pero a ellos les gusta eso, y de ahí para acá, me fui familiarizando más con ellos y ellos conmigo.

Y en el día a día, ¿has experimentado discrimen por ser latino?

--En mi caso no, nunca lo he sentido realmente. El público de Chicago ha sido muy receptivo conmigo y con los latinos. Al principio cuando llegué a las Grandes Ligas me sentía como que yo no era parte de eso, ¿Entiendes? Como que yo veía todo extraño. Ahora, por el contrario, yo voy para Wrigley, puedo caminarlo con una venda en los ojos y sé donde está cada cosa. No voy a tropezar con nada porque yo hice de ese parque y de esa ciudad, mi segundo hogar.

Aprovechando que comentas que no has experimentado discrimen con la fanaticada en la ciudad, puedo decirte que en el juego al que asistí contra Houston pude ver mucha gente norteamericana con la camisa de Zambrano, al mismo nivel que Mark Prior o Kerry Wood. Ahora bien, en términos de tus colegas, ¿sentiste discrimen con los peloteros norteamericanos o con los peloteros latinos?

--Al principio, hubo dos lanzadores que expresaron su racismo hacia mí, pero me reservo sus nombres y lo único que hago es bendecirlos…

¿Trataron de ponerte trabas o te molestaban?

--Sí, quisieron ponerme de payaso, quisieron ridiculizarme en frente de mis compañeros haciendo cosas que yo no quería hacer, y como era novato, ellos creyeron que iba a caer en ésas. Pero yo siempre considero que a los novatos hay que respetarlos.

Sobre el asunto del recibimiento en Chicago a Zambrano, Saulo nos contó una anécdota que tuvo con dos policías muy interesante. "Yo salí del apartamento, estaba nevando y caminé por algún rato hasta que me esperdigué (se perdió); pasó una patrulla y la detuve, aunque yo no hablo inglés. Le mostré mi pasaporte: "amigo… father Carlos Zambrano. Al ellos advertir que se trataba del padre del Toro, se emocionaron muchísimo y me abrieron la puerta para que entrara a la patrulla; y comenzaron a hablar entre ellos porque yo no los entendía. Finalmente, me llevaron al apartamento de Carlos y preguntaron al personal del condominio si yo era el padre de Carlos, y ellos dijeron que sí. Los señores agentes me trataron muy bien cuando vieron que yo era el padre de Carlos." Finaliza comentando que cuando ve a alguien con una camisa que tiene el apellido Zambrano: me emociono, me causa alegría y me dan ganas de llorar digo, mi hijo, cónchale su nombre; el agrandó el nombre. Me llena de orgullo ver donde ha llegado."

Una cosa interesante ahora es que cuando estás entrando al dugout al finalizar una entrada y apuntas hacia el cielo, los fanáticos de los Cachorros también lo hacen o tratan de mirar hacia arriba buscando algo. Se trata ya de un rito vivo. ¿Cuándo comenzaste a realizar tus gestos de adoración a Dios en el terreno de juego?

--Eso fue en el tiempo de las Ligas Menores, como un momento de glorificar al Dios que me ha dado todas las cosas, hasta sin yo merecerlas.

Me dirijo a Isaías porque me estaba contando algunas anécdotas de cuando él llegó allí. Me comentaste algo de una vista al dentista...

--En una ocasión, él tuvo que ir al dentista y nosotros éramos la única familia que él conocía allá. Y ver a ese hombre tan grande, tan alto y ancho meterse en un Toyota Tercel de dos puertas era cuestión de risa. Luego de sacarle la muela, bajamos en el ascensor con el miedo de que este tipo se me cayera encima, porque estaba tumbado. Ni se acuerda de cuando entró nuevamente en el carro. Le eché la silla para atrás, la cara estaba llena de sangre, no podía hablar muy bien y bueno lo llevé a su casa y lo dejé allí con Ismari. Él nunca me admitió esto, pero cuando le decía: "Yo me tengo que ir, me tengo que ir"; él se quejaba del dolor e insistía en que no me fuera y que me quedara con él.

¿Toro, lo admites?

--Sí (risas).

Se incorporan a la entrevista las esposas de Isaías y de Carlos y las hijas mayores de ambos, mientras el Toro continúa hablando...

--Chicago me recibió con los brazos abiertos. De hecho, Chicago siempre ha sido receptivo en cuanto a sus prospectos. Yo no sé de otro equipo porque no he jugado para ningún otro, así que te puedo hablar de lo que he vivido en Chicago.

El rostro del Toro mientras habla le brilla de orgullo y agradecimiento por una ciudad que lo ha sabido reconocer y validar.

--Cuando estuvimos en Francia y en España de vacaciones, vimos unas personas de Chicago que estaban de vacaciones, al igual que nosotros. Cuando nos vieron comenzaron a exclamar: "*I love you man*"... *Oh my God, I can't believe it*" (risas)... En España, también, una señora con su familia, me gritó: "Carlos Zambrano, *we love you*". Entonces yo creo que eso resume, la gente en Chicago es espectacular. *Comienza a hacer gestos y sonidos propios de un toro y todos comienzan a reír. Podemos afirmar que en Chicago te han recibido bien...*

--Sí, y no solamente a mí. Yo he visto, por lo menos, a Ronny Cedeño y otros prospectos que han surgido así, que han subido con Chicago y el equipo los está esperando y cuando entran ellos lo aplauden porque ya ha salido en el periódico que esa gente va a subir. Eso es muy bonito de parte de la fanaticada de Chicago.

Eres una persona muy emocional en el juego. Yo estuve leyendo por la Internet, un artículo de la temporada del año 2004 que decía Zambrano "is working with his emotions,

[Zambrano está manejando sus emociones]". Eso va a tono con lo que dices de ti mismo ¿Te has visto precisado de hacer ajustes en la manera que manejas tus emociones dentro del juego? ¿Te frustras cuando algo no te sale bien?

--Sí. Creo que año tras año Dios me ha permitido aprender a manejar y controlar mis emociones. Recuerdo que los primeros años, en el 2001, me gané la reputación con algunos bateadores y unos me cogieron miedo y otros me cogieron rabia. A otros, no les gustaba la forma en que yo lanzaba, pero ésas son cosas de novato. Los primeros años yo quería hacer mucho más de lo normal para quedarme y establecerme en las Grandes Ligas. En este sentido, ser una persona muy emocional a veces cae mal a otros jugadores y, naturalmente, al equipo contrario. En el año 2002, fui mejorando. Aquí fue que tuve el problema con Barry Bonds y salieron muchas cosas acerca de que yo le falté el respeto. Recuerdo un artículo del año 2004 que señalaba que los Cubs no querían que perdiera la pasión que el año pasado me había ayudado a ganar trece juegos como su cuarto abridor. Pero tampoco deseaban que me saliera de control y perdiera la concentración, un balance difícil de encontrar. A estos efectos, decía mi entrenador de lanzadores que: "Me gusta ese fuego, pero bajo control".[10]

Cuéntanos de esa experiencia con Barry Bonds. Y procede a acomodarse un poco para proyectar mejor su voz.

El incidente con Barry Bonds

--Era el año 2002. Había tres hombres en base y, novatadas mías de esos primeros años... [*Más que novatadas*

---

[10] Universal.com, 25 de marzo de 2004.

son rasgos de su personalidad; en la noche del 24 de abril de 2006, mientras lanzaba contra los Marlins de Florida en Wrigley Field, en su segundo turno al bate se ponchó en conteo de dos bolas y dos strikes. En su frustración, rompió el bate con su muslo derecho... sorprendentemente, la fanaticada comenzó a aplaudirlo. Finalizó sin decisión, pero ponchó a doce en siete entradas... y los Cubs ganaron el partido seis carreras por tres.]

Había dos outs y yo le tiré una recta a Barry Bonds y sacó una rola lenta hacia mis manos para dar el tercer out. Yo me emocioné muchísimo y grité en el montículo. Imagínate, había doblegado "al más grande". Entonces, hice unos gestos de mucha emoción, no hacia su persona, sino conmigo mismo. ¿Entiendes? Ciertos gestos conmigo mismo de emoción de haber derribado a un hombre grande en el béisbol. Y yo digo ¡Wow! ¿Puede ser posible que yo haya derribado a Barry Bonds? Pero él no lo vio porque agarró el bate y se fue al "dugout". Sin embargo, algunos reporteros empezaron a echar cizaña en cuanto a mis expresiones y la cosa fue que seguí caminando y tiré la bola para el público y eso fue lo que creo provocó su enojo cuando se enteró. A él le dijeron, posteriormente, que yo lo había "perreao", es decir, que le había faltado el respeto. Eso lo dijeron los reporteros y después él indicó: "Si él lo hizo tengo que verlo". Después creo que vio la repetición de todo el vídeo y al siguiente día comentó, públicamente, que me iba a enseñar a respetar. Que me iba a enseñar a cómo conducirme en las Grandes Ligas y que eso no se le hacía a él, que cuando él me agarrara me iba a enseñar lo que es respeto. Bueno hasta ahora no me ha agarrado (batear de *home run*) en la temporada, gracias a Dios.

En el entrenamiento primaveral, me la sacó una vez, pero eso no vale. Yo te digo una cosa, si él me llega a batear un jonrón en la temporada regular y se queda parao, o corre de espalda para perrearme, yo lo que haré será aplaudirlo, porque es Barry Bonds, ¿me entiendes? Si me lo da cualquier muerto o cualquier otro a lo mejor me enojo pero que me lo dé Barry Bonds, eso me pone en el librito de la fama. A lo mejor soy el lanzador que permite el jonrón récord. [*Se refería a lograr alcanzar a Babe Ruth en el segundo lugar de lideres jonroneros de todos los tiempos (714). Ahora, Bonds cuenta con 734, al finalizar la temporada 2006. El primer lugar lo tiene Hank Aaron con 755.*] No todo el tiempo uno va a estar en los récords por uno mismo, a veces uno está por otra persona (risas). Éstas son las cosas que uno aprende de las experiencias en las Grandes Ligas, las cuales me han hecho mejorar. Yo ya he pasado por muchas situaciones y creo que he mejorado.

Antes de resolverse el problema, nos volvimos a ver las caras en mi primer Juego de Estrellas en el 2004, dos años después de esa experiencia. Yo me preparé para el Juego de Estrellas y mi sorpresa fue que ahí estaba Barry Bonds. Llegué al camerino y me acuerdo que estaba al lado de Carlos Beltrán (jardinero central de los Astros de Houston, en aquel momento, hoy milita con los aguerridos Mets de Nueva York) y Eric Gagne (relevista de los Dodgers de Los Ángeles). Yo estaba ahí tranquilo. Voy y me cambio y veo que él llega. Y me digo a mí mismo: "Ahí está el hombre y a lo mejor me va a decir algo". Me seguí vistiendo. Él llegó a su "locker" e hizo algo y comenzó a dialogar con su entrenador y pasaron como quince minutos. Seguí cambiándome y haciendo unas cositas ahí cuando miro de reojo, así por atrás, y veo que se me estaba acercando el hombre. Cuando veo que Bonds se me acerca yo digo para mis adentros: "Bueno, si este tipo viene a decirme algo, o viene a quererme comer aquí o a quererme insultar yo le voy a meter una sola bofetada y ahí se va a formar la grande, porque yo no soy ni más ni menos hombre que nadie; pero vamos a tener problemas". Me aseguré y apreté el puño de la mano izquierda y dije: "Como viene por el lado derecho no puedo hacerle así con el codo pero sí puedo doblarme y meterle una manita [un puño] aunque sea". El hombre se me acercó y me puso la mano en el hombro y me saludó con un "Hola, ¿cómo estás?". "Bien gracias a Dios ¿y tú?", le contesté. Y me comenta: "¿Sabes? Las cosas que pasan uno tiene que dejarlas en el pasado. Las cosas que suceden en el terreno uno tiene que dejarlas en el terreno. A veces, nosotros queremos hacer mucho en el campo y yo sé que tu eres un muchacho con mucho talento y tu vas a ser una persona bien grande". Y continuó hablándome tan y tan bien que se me caía la cara de vergüenza; porque yo pensaba en la reputación de Barry Bonds, que era la de una persona déspota que le gustaba menospreciar a los demás y le gustaba poner a los demás pequeños. Porque él es grande en el béisbol. Pero me di cuenta que es todo lo contrario. Barry Bonds es una persona muy amable, tiene sus errores como cualquier persona, pero es una persona muy sencilla con buenos sentimientos. Me di cuenta que tiene sentimientos porque cuando él me dijo todas esas palabras, que yo no creía que las podía decir, me advirtió: "Oye, tú sabes que tenemos que estar juntos los latinos y los negros. Es que tenemos que estar combinados". Entonces le dije: "Yo te ofrezco una disculpa porque me emocioné demasiado, aparte que era novato". A lo que respondió: "No te preocupes por eso". Y me di cuenta en ese momento de la humanidad de la persona ¿me entiendes? Tiene sentimientos igual que otros y eso es difícil cuando tú tienes esa fama. A Barry Bonds todo el mundo lo conoce y es difícil manejar eso. Cuando no tienes personas a tu alrededor que te ayuden a manejar eso y que te digan las cosas que haces mal, es más difícil. Es tu amigo el que te dice las cosas como son y como persona famosa tienes que tener a alguien que te diga eso está malo y si es tu amigo tiene que decírtelo, porque si no lo es, te aplaude las cosas malas. El tipo es todo lo contrario de lo que me habían dicho y me habían comentado. Bueno, después de ese encuentro nos hicimos como amigos; me la pasé todo el día haciendo bromas con él. Isaías se quedó sorprendido porque yo andaba con Barry Bonds. Frank Álvarez, mi asistente y entrenador personal en Chicago, también se quedó sorprendido porque todo el juego de estrellas me la pasé con él y hasta me invitó a irme en limosina con él. Frank se fue conmigo; fue una experiencia bastante agradable. Es un privilegio bastante grande estar con toda esa gente, compartir con Barry Bonds, Roger Clemens. Imagínate, yo estaba como un niño pequeño con juguete nuevo.

Y entre iguales, porque tú eras igual que ellos…

--Yo creo que entre iguales porque todos teníamos una camisa que decía "National" ¿entiendes? Liga Nacional; todos teníamos el mismo uniforme y eso era lo importante. Todos se comportaron a la altura de lo que son: "profesionales".

Mencionaste que cuando Barry Bonds se acerca te da unos consejos, ¿recuerdas alguno?

--Entre otras cosas, que me mantuviera siempre lanzando bien y estudiando a los bateadores y que tratara de conservarme saludable, que tratara de entrenar fuerte porque tenía el potencial de ser un "hall of fame". Que permaneciera humilde que eso era lo más importante y lo más que le gusta a la gente de los jugadores.

El Toro hace honor a su nombre en el despliegue de emociones en el terreno de juego así como su deseo de ganar… Yormis, uno de sus hermanos, recuerda una historia que enmarca esta verdad en una experiencia previa a un juego visitando a los Astros de Houston--.

--Estábamos en un restaurante almorzando, y él dijo: "ya no puedo más tengo que irme al estadio para que me pongan algo en la espalda, no aguanto el dolor". Allí estaba Willie Taveras el "center fielder" de los Astros de Houston. Y él dice bueno vamos a llevarte y si te sientes muy mal, hoy no lances. "No, vamos a que me traten la espalda", señaló mi hermano. Él se va y nos quedamos Tommy, yo y como tres personas más. Estaba Frank Álvarez y todos me preguntan que cómo yo veía a Carlos. Y les digo: "Oye, me crié con él y lo conozco y para que él diga que le duele es porque en realidad le duele bastante". Y me dice Tommy: "Me preocupa Carlos porque él me ha dicho que es un guerrero y me preocupa que él salga a lanzar hoy así porque puede ser peor para su carrera y; es mejor que pierda ese turno a que pierda su carrera". "Tienes razón", sostuve, "pero a ese nadie lo saca de ahí". Llegamos al estadio y le fui a llevar una maleta que tenía que llevarle. Entré al "clubhouse" y estaba allí y venía de ponerse algo en la espalda. Le entregué la maleta y le pregunté cómo se sentía. "Me duele un poquito", dijo. "Pues, entonces, no lances hoy", le aconsejé. "No, yo soy un guerrero", insistió. "Nadie me saca de ahí…nadie".

Es guerrero y a la vez terco…

--Entonces, nos fuimos al centro comercial allá en Houston y toda la tarde Tommy estuvo preocupado por la situación. Bueno, pues, empezando el juego sus lanzamientos estaban a 96 y 97 millas. Se veía bien y Tommy me dijo que a medida que Carlos fuera agarrando el calor, se iba a sentir mejor. Pues resulta que dio un jonrón, tiró ocho entradas enteras y dio diez ponches. Increíble. Le indiqué a Tommy que menos mal que le dolía la espalda, porque de no haberle dolido no le hubieran dao' ni un "hit'. Terminado el juego y ya para despedirme porque debía regresar a Venezuela, le dije: "Eres un guerrero verdadero. Un Toro…mi Toro".

Ser fanático, la familia, la vida de iglesia y la espiritualidad, según el Toro

Repentinamente, se vuelca la conversación hacia el tema de la espiritualidad, y le pregunto a Isaías: ¿Cómo se desarrolla esta dinámica en el Toro a la par con su desarrollo espiritual?

--Carlos, obviamente, ya venía con una formación cristiana muy sólida. No era un novato en la fe. Tenía unos conceptos bíblicos y pensaba teológicamente. Yo era pastor asociado en la Iglesia "Puertas de Alabanza". Y ahí comenzó nuestra amistad, conjuntamente con nuestras respectivas esposas.

Una muestra inquebrantable de la presencia de Dios en la vida del Toro la cuenta Tommy Miranda cuando nos narra el más antiguo recuerdo que tiene de su relación con el Toro. El Toro estaba en Triple A (Tacoma) y lo llamó para conocerlo. Durante la temporada en el invierno fueron a reunirse con él y la condición que impuso fue que se encontraran en la iglesia y su intención era que se reunieran en el culto.

Tommy se quedó observando el culto por una ventana. Luego, Zambrano le confesó que en ese momento los feligreses estaban intercediendo por él, porque estaba mirando por la ventana. Desde ese momento, se ha mantenido una relación de amistad muy buena.

¿Cómo te recibe la gente en la iglesia?

--Bueno mira, en mi iglesia en Chicago, las veces que he podido ir, pues la gente me recibe normal. Pero hay veces que la gente se asombra con los ojos pelados.

Qué presuntuoso, qué humilde... (Risas)

--Lo que pasa es que la gente cree, y eso te lo digo yo por experiencia, porque lo he vivido como fanático, la gente ve a uno como si uno fuera un cibernético, un "alien", un extraterrestre, no. Yo soy un ser humano igual que tú, igual que Isaías, y entonces yo no comprendía eso. Porque el fanático es fanático, tú me entiendes... y muchas veces aunque no quieran, se les sale lo de fanático. Y te lo digo por experiencia propia. Cuando el equipo de fútbol del "Real Madrid" fue para Chicago, pude comprender qué es lo que el fanático siente cuando ve a Carlos Zambrano. Cuando vi a la gente del Real Madrid, yo andaba "en Pekín". Ver a Roberto Carlos... a Ronaldo, porque ése es mi equipo de toda la vida. Nos llevaron a una cena privada y yo fui con mi esposa Ismari quien me decía: "mira, así mismo como estás tú se pone la gente cuando te ven a ti; por eso no se puede juzgar". Y, entonces, me di cuenta de la razón de la reacción de la gente. Aunque antes no lo aceptaba, no lo asimilaba, pues. Aquí en Venezuela, cuando voy para la iglesia, la gente de la iglesia me trata normal, como un miembro más porque lleva tiempo viéndome, ¿me entiendes?

Isaías abunda.

--En la iglesia en Chicago, los hermanos reaccionan ofreciendo sus consejos en una buena manera… Las personas me dicen: "Isaías, por favor, hable con Carlos; dígale que se calme, que no se enoje tanto. Y yo les decía, no. Carlos es un hombre, y eso lo tiene que decidir él mismo. Y yo creo que, en una o dos ocasiones, yo le he dicho algo, entre él y yo, pero que los fanáticos decían: no que Carlos… por favor, hable con él. Carlos Zambrano es pura emoción, no podemos abandonar el hecho que lo que hace Carlos es la pasión de Carlos. El día que Carlos abandone del todo esta pasión, es el día que dejará de ser él mismo, porque la pasión de Carlos es lo que lo reta, el amor al deporte. Él mismo se empuja, se reta, se corrige en el montículo. Uno lo ve gritando y muchas veces él mismo se está gritando. El año pasado fue que yo conocí que él mismo se decía: "Charlie, qué pasa Charlie". Y él mismo se estaba gritando, tú sabes, es él. Entonces yo le decía a la gente, "pero *let him play*, él es un hombre ya grande y él mismo se va a encontrar y entonces se va a acoplar y todo". Lo hacen por el aprecio y la identificación que sienten con él.

Isaías, ¿cómo te has sentido pastoreando a ese hombre que no se si es ovejita o es cabrito? ¿Cómo defines la experiencia de pastorear al Toro en Chicago? Si quieres le decimos que se vaya a afuera. (Risas).

--Yo tengo quizás un estilo diferente de pastorear. Yo no creo tanto que lo he pastoreado, sino que he permitido que nuestra amistad sea el vehículo para hablar con él ciertas cosas y crecer espiritualmente. Yo creo que la espiritualidad de Carlos cuando llega a las Mayores entra en una transición muy fuerte, porque ahora está confrontando algunos retos que él nunca en su vida había confrontado e indirectamente nosotros también, como amigos de él, porque ahora indirectamente estamos expuestos a un nuevo mundo. No quizás como él, pero nosotros estamos viendo cosas que, normalmente, no hubiéramos visto. Entonces, mantener una espiritualidad viva, vibrante, creo que es un reto para todos nosotros. De aquí pude notar esa transición en la vida de Carlos; ese reto de mantener una vida espiritual saludable, vibrante.

¿Cómo describes el desarrollo desde el año 2001 hasta el día de hoy?

--En el 2001, cuando Carlos viene a Chicago como creyente, siempre lo miraba bien... como puedo decirlo, venía con principios bíblicos y con una formación sólida. Lo miraba como una persona sabia, obviamente, con su carácter. Pero esas cosas no me sorprenden porque yo también soy hombre y también a esa edad tuve que pasar ciertas cosas, entonces para mí esas cosas son normales; no me "tiltiaba' como decimos nosotros; lo vi como un proceso normal, confrontando unos retos con su vida espiritual. Ahora, el año pasado noté un cambio directamente en él. Creo que le dije al principio del año pasado: "Carlos, no te veo en paz en el montículo, no sé"; sentí que no lo miraba en paz. Porque una cosa es tener pasión y uno ver esa pasión con lo que él es como él se maneja en el montículo. Le dije: "Carlos, estoy orando por ti, te quiero mucho". En ese momento particular, sentí en mi corazón que tenía que recordarle: "Mira, busca la paz en Dios".

¿Cómo recibiste esa palabra de Isaías como amigo y como pastor? Cuando él te hace esta observación, ¿cómo la

interpretas, cómo la manejas, tú la aceptas, no la aceptas, haces tu trabajo de introspección?

--Cuando alguien me da un consejo, yo lo acepto; sea bueno o malo. Y pues hay un texto muy importante en la *Biblia* que dice que debemos escudriñarlo todo, oír todo, retener lo bueno y desechar lo malo. ¿Entiendes? El ser humano es como un procesador de información, uno recibe, capta la información, ¿verdad? Pero la información es como cuando una persona está trabajando en una envasadora de manzanas, que tiene que seleccionar las manzanas buenas, y las que están podridas pues, se tiran a un lado. Asimismo es el ser humano, uno debe ser así, escuchar, retener lo bueno que quedó de una conversación o de esa relación o de esa amistad o de cualquier cosa; retener lo bueno y desechar lo malo. Y con esto no te estoy diciendo que Isaías a mí me da consejos malos, o que me diga algo malo. Pero, obviamente, recibo todos los consejos que me da. Sin embargo, hemos tenido nuestras diferencias, porque de repente nosotros escudriñamos las Escrituras y no estamos de acuerdo en esto o él está en acuerdo o en desacuerdo, pero son cosas normales del ser humano cuando estás, no debatiendo porque la *Biblia* no se puede debatir, pero compartiendo con cosas de ella, del ministerio, cosas del Señor. Entonces eso ayuda a uno a aprender más, a adquirir más conocimiento, debatir, hablar con ministros y personas que saben, que han estudiado. Hablando con personas que tienen un conocimiento más alto que uno, uno aprende mucho, uno recibe esa información, acepta esa información y es mejor para mí porque cuando yo me dedique cien por ciento al ministerio, pues ya tengo una serie de informaciones, una serie de experiencias por las cuales yo he pasado.

¿Cómo defines espiritualidad?

--Yo creo que espiritualidad es escudriñar las Escrituras y aferrarse a Dios, leer y vivir de día en día su Palabra y dejar que nos guíe. Yo creo que eso es la espiritualidad, meterte con Dios. Luego, creo que el mismo Espíritu da testimonio de uno. Creo que la persona espiritual debe cumplir con las reglas, los mandamientos que están establecidos no sólo en la *Biblia*, sino que nosotros tenemos leyes que hay que cumplir. Lamentablemente, si uno se come una luz roja, por ponerte un ejemplo, pues estás violando la ley. En este sentido, violar las leyes divinas puede dañar muchas cosas en nuestra vida. Entonces, nosotros debemos tener cuidado como cristianos, como seres humanos, con lo que pensamos, hacemos y decimos. La espiritualidad está ligada a cumplir y regirse por los mandamientos que están establecidos en el libro sagrado y en las leyes terrenales. Pero hay otra dimensión importante de la espiritualidad y tiene que ver con las relaciones humanas. *Gálatas 5*, por ejemplo, menciona que el fruto del Espíritu es paciencia, benignidad, mansedumbre, templanza, amor, fe, bondad y todo lo demás que uno quiera añadir que es parte del amor. Ese fruto del Espíritu se dirige al prójimo.

¿Quién es tu prójimo?

--Las personas que me rodean, mis hermanos, mis amigos, las personas que nosotros conocemos y que no conocemos.

Isaías interrumpe para aportar...

--Una de las formas en que yo observaba a Carlos desear cultivar su espiritualidad era en momentos devocionales cuando llegaba a nuestra casa y buscaba mi guitarra.

Entonces pude entender rápidamente que esos momentos ahí, fueran 15, 20 ó 30 minutos iban a ser los servicios religiosos para Carlos. La liturgia de él iba a ser en ese momento. Ya eso está hablado con mi familia; cuando Carlos viene, yo como pastor quiero regalarle a él un ambiente donde él pueda en ese momento dialogar con Dios. Durante nuestro servicio en mi casa, había elementos litúrgicos (alabanza y oración), pero también mucha risa. Y me acuerdo de un día en que estábamos en el carro y de repente Carlos puso un CD y los dos comenzamos a llorar porque son momentos *kairos* (la palabra quiere decir "tiempos de Dios"). Entonces entendí que como pastor y amigo yo tenía que asegurar que esos tiempos ocurrieran en la vida de Carlos cuando llegaba a mi casa, porque él no tiene esa flexibilidad en su agenda, de llegar a los servicios todos los domingos o los miércoles. Así que cuando él llegaba y llega, saco mi guitarra y comenzamos el servicio, dirigiendo la devoción, él de repente comienza la palabra de Dios porque él va a ser predicador, eso es lo que es, él es un ministro de Dios, pero yo creo que eso es muy importante que la gente sepa que esa era una forma que Carlos tenía de mantener su vida espiritual y es por medio de su alabanza y adoración.

En medio de la conversación sobre el tema de la espiritualidad viene a mi mente el asunto de las niñas. El Toro tiene tres hermosos tesoros y desde ahí podemos comprender la creación de Dios. Mientras lo menciono al Toro le comienzan a brillar los ojos mientras se prepara para comentar sobre la emoción de los nacimientos.

--En el caso de Carlis, la mayor, la conocí a los quince días de nacida, porque no había terminado la Liga Instruccional en Arizona. Al llegar a Venezuela, luego de dos semanas, tuve el privilegio de verla por primera vez. Sobre las dos últimas (Catherine y Carla), fue algo extremadamente emocionante. La segunda nació en Chicago y la tercera nació en Venezuela, en diciembre del año pasado. Pero fueron momentos especiales, yo trato de pasar mucho tiempo con las hijas mías y procuro estar con ellas lo más que se pueda.

Cuando estoy en la casa, quiero compartir con ellas y jugar. Muchas veces como ven que soy una persona grande, ellas quieren que les haga caballito: "Papi, caballito". Cuando yo tengo el día libre que voy de una ciudad a otra, trato de ir a Chicago y después me voy para el sitio asignado. Claro, siempre que sea por allí cerca, como San Luis, Cincinnati o Milwaukee. Intento compartir con ellas en esos momentos en que estamos en las ciudades cercanas.

Según Isaías comenta, la mayor de las niñas ya reconoce a su padre en la lomita en los juegos televisados. Al verlo en la pantalla la pequeña exclama: "Mira a mi papi", corre a la pantalla y le da un besito diciendo: "Papi te quiero". El Toro reacciona sorprendido porque no se ha enterado de esa dinámica hasta ese momento.

Una de las cosas que menciona Carlos es que hubo unos momentos de su espiritualidad en que hubo más bajas que altas, particularmente en 2004. En esos momentos, ¿cuál fue la interacción, cuál es tu observación pastoral, cómo él pudo manejar esos tiempos de fragilidad?

--Pastoralmente, quizás no hice mucho. Es que ser su amigo para mí era más importante. Yo no quería desempeñar un papel pastoral porque me considero su amigo.

Trataba de colaborar para que se mantuviera conectado, pero sí pude observar esas bajas espirituales. Pero no era cosa de sorprenderme, lo único es que con él uno se preocupa un poquito más, debido a las tantas tentaciones que tiene a su alrededor. Por eso tenía siempre a la gente orando por él. A mí nadie me puede decir que no ha sentido desánimo espiritual; nadie me puede decir que nunca ha tenido momentos en los cuales no siente deseos de orar. En ocasiones, uno siente deseos de tirarse a la cama y acostarte y ahí es donde Dios premia al creyente: en la honestidad. Son etapas en las que uno puede estar consciente de hasta dónde se puede llegar. Todos tenemos un límite, por eso es que mucha gente se aleja de Dios y, cuando abren los ojos, despiertan y están metidos hasta el fondo, porque han descuidado su vida espiritual. Ya no le prestan atención a lo que Dios quiere para ellos, a lo que Dios tiene para ellos. Para mí, eso se llama madurar, ése es el proceso de madurez. Creo que esto es lo que pasa con todos nosotros.

Posteriormente, en 2005, observé en Carlos un despertar, una madurez, un crecimiento espiritual, que no había visto antes. Se podía notar en su forma de hablar y de ver la vida. Él, como yo, viene de una tradición un poquito más conservadora...

¿En qué sentido conservadora?

--Una tradición conservadora pentecostal. Al ver otros ambientes, uno puede ampliar la perspectiva teológica, así como la vida espiritual. Carlos también estaba espiritualmente desarrollándose, creciendo y también amando la vida, tú sabes, apreciando la vida que muchas veces el mecanismo de las iglesias conservadoras no te permite celebrar.

El Toro comienza a cambiar de posición en la cama preparándose porque hay algo que quiere comunicar. Sus ojos brillan como sucede cada vez que habla de la obra de Dios en su vida.

--En el tiempo del que estamos hablando (2004), yo he visto que mi impulsividad se dispara cuando ando un poquito mal con Dios. Entonces tengo problemas con alguien y no me importa darle un galletazo a quien sea, eso es la carne vieja. Pero cuando yo ando bien con Él, como decíamos antes, cuando dejo que fluya mi espiritualidad, yo dejo pasar muchas cosas, que el Señor planee conmigo y dejo a un lado la impulsividad. Creo que muchas veces a uno le pasa algo y, como todo ser humano, lo que le provoca es agarrar a aquella persona y ejecutar justicia por su propia mano. Pero ahí es donde viene el amor de Jesucristo en el corazón, el amor del Espíritu Santo y te redarguye: "otra vez cometí el error, déjame ir y pedirle perdón".

Le dije al Todopoderoso: "El día que yo me decida a buscarte, el día que me decida a ejercer un ministerio contigo quiero que no sea para dos o tres días y después volver a caer, no, yo quiero que sea para toda la vida. Ese es el proceso en el que yo estoy orita... hasta que Dios venga. Hoy estoy gracias a Él como pastor de jóvenes aquí en la iglesia en Venezuela; mañana estaré quizás en otros lugares porque Él quiere que yo esté ministrando en Estados Unidos. ¿Por qué? Porque cuando el ministerio viene de parte de Dios, no es donde quieras ir, es donde te ponga, donde cree que hay una necesidad para ser suplida. Porque qué haces en Venezuela por tu propia voluntad si aquí no te necesitan, en vez de estar en la India o en la China, si Dios te necesita allá.

Hacer su voluntad es el ministerio; estar bajo la perfecta voluntad de Dios, donde me quiera. ¿Me querrá en Puerto Rico? ¿Será que me quiere en Venezuela? Eso es lo que uno tiene que buscar en el ministerio... la perfecta voluntad del Señor.

Isaías reitera...

--Cuando mencionaste acerca de los indicadores de madurez en su vida espiritual, recuerdo momentos en los que él me llamaba y me decía: "Isaías vente conmigo a los juegos" (cuando eran fuera de Chicago). Yo no podía ir en algunas ocasiones, pero recuerdo que él me mandó a buscar un día para hablarle exclusivamente de la Palabra de Dios y orar con él; ahí yo sabía que mi función era pastoral y eso hicimos. Orando, clamando a Dios, llorando. He compartido sermones con él y ésas son señales, ésos eran indicadores de que él quería desarrollar una vida espiritual. Cuando regresamos a Chicago fui con él a la librería donde él compró *Biblias* para todo su comité de jóvenes en Venezuela, porque iba a ser pastor de jóvenes y estaba sumamente emocionado porque él iba a desempeñar ese nuevo papel.

El béisbol es uno de los vehículos que Dios está usando por ahora, pero el Toro será siervo de Dios por el resto de su vida.

Me dirijo al Toro y le indico que cuando termine su carrera todavía será una persona relativamente joven, porque a lo sumo tendrá cuarenta años o un poquito más, y le quedará al menos la mitad de la vida. Eres pastor de jóvenes ¿qué haces en este nuevo papel dentro de la iglesia?

--Orita nos estamos reuniendo con la juventud, buscando tener experiencias espirituales que presenten a un Dios que no es aburrido y que se acerca a la gente desde diferentes formas. Lo hacemos por medio de retiros, conciertos y estudiando la Palabra. "Conquistando la Ciudad" es nuestro lema y la meta es presentar a la gente un modelo de Cristo no aburrido, sino un Cristo que tiene interés en salvar las almas de las personas y ésa es la meta, ir y predicar el evangelio a todas las criaturas. "El que creyere será salvo…" debe ser la misión de nosotros. De ese texto bíblico, he visto que hay tres funciones: ir, predicar el evangelio y bautizar. Eso nos toca a todos, como cristianos. Ésa es nuestra misión. Entonces esa es una de las misiones principales de nosotros, ir y predicar el evangelio y eso es lo que estamos haciendo. Para el año que viene, vamos a realizar varias giras por Venezuela con Tommy Miranda, y vamos a ver si traemos unos cuantos peloteros que son cristianos como Albert Pujols y Carlos Beltrán, entre otros.

CAPÍTULO 7

LA BOLA, EL BATE Y EL GUANTE

*Herramientas para líderes
dentro y fuera del terreno del juego*

Este capítulo tiene el propósito de sistematizar los elementos claves que han llevado al Toro por el camino de la bendición de Dios. Aunque cada camino es particular siempre podemos aprender de aquellos que han seguido el don del Altísimo y podemos tener herramientas que se conviertan en creencias que guíen nuestra vida para avivar sus dones y así vivamos vidas que reflejen nuestra espiritualidad y tengamos mejores sociedades. Hemos preparado este capítulo para que pueda ser usado por líderes dentro y fuera de la iglesia, dirigentes y entrenadores de cualquier deporte o simplemente para personas que quieran alcanzar una superación personal en algún área de sus vidas. Las claves que se expresan se pueden discutir en reuniones de grupo para que tengan aplicación a la vida de quien recibe la enseñanza. Asimismo, líderes deportivos pueden utilizar el capítulo para capacitar a atletas con potencial de desarrollo o quienes quieran utilizar el deporte como herramienta de bendición, utilizando al Toro como modelo.

1. Podemos tener a Dios en el primer lugar en la vida.

El Toro muestra una conciencia clara de que a Dios podemos darle el primado en todas las cosas. Esto no llega por casualidad. Es la expresión contundente de una persona agradecida de todas las cosas que el Señor ha hecho en su vida. Este principio encarnado en la vida del Toro no es producto de la casualidad; es más bien el resultado de una educación cristiana formativa y de estar consciente de las luchas que se tienen que tener para lograr algo positivo en la vida.

Algunos líderes religiosos fariseos en los días de Jesús viendo una oportunidad para tener de qué acusarlo, le preguntaron cual era el mandamiento más importante. Es importante destacar que las Escrituras de Israel tienen más de 500 mandamientos y otras instrucciones, de manera que no era una pregunta fácil. Jesús responde colmado de la sabiduría que solo el Espíritu Santo puede ofrecer: ama a Dios con todo tu corazón, con todo tu ser y con toda tu mente… (*Mateo 22.37*). Carlos está consciente de que todo lo que tiene viene de Dios. Por eso antes de comenzar a lanzar se encomienda a Dios. Por eso después de cada entrada, sea buena o mala, apunta hacia el cielo en señal de gratitud y Señorío al Padre…gratitud, gracia y vida sirven de inspiración a esa señal profética.

Pienso que para quien disfruta el deporte como profesión esto es solamente una parte de la vida. Un instrumento para algo más: dinero, reconocimiento, una familia y quien sabe cuántas cosas más. Todas esas cosas no son malas en sí mismas. Pero la clave del éxito para la vida, que es más que un juego o un récord, y definitivamente mucho más que puro entretenimiento, está en reconocer que hay algo más grande, más inmenso que nos trasciende y se trata de Dios en sus múltiples manifestaciones. El Toro, en primer orden, reconoce que ese Dios revelado como Cristo es la razón de todas las cosas. Asimismo podemos hacer de Él la razón de todas nuestras cosas, ¿cómo? Llenándonos cada vez más de su Gracia y poniendo el amor en el primer lugar en la vida. Por lo demás es inútil cualquier señal que proclame el evangelio, si nuestro corazón no está lleno de Dios.

Un primo segundo, Owen Martínez, me dijo una vez que "la vocación de cada cual es un regalo de Dios. Hay que descubrirla y seguirla hasta donde podamos en la vida. Es lo que mejor podemos hacer aunque también hagamos otras cosas bien. Lo importante ante Dios es dar un buen ejemplo a la vez que seguimos nuestra vocación". Me parece que el Toro, si persiste, puede ser ejemplo de esto.

2. **Podemos aprender a escuchar consejos de los que saben y descartar los malos augurios.**

A pesar de ser una persona fuerte y temperamental, el Toro desde sus inicios como pelotero fue una persona que escuchaba a sus superiores; en especial aquellos que pudieran enseñarle algo para mejorar. Nos cuenta Julio Figueroa, que el Toro era muy obediente y disciplinado al momento de practicar el béisbol. Carlos mismo lo señala como la segunda herramienta que utilizó para llegar a su firma como profesional. Claro, el Toro ha sabido escuchar lo que es importante y valioso porque naturalmente no escuchó las voces de aquellos que lo menospreciaban o no veían en él la posibilidad de triunfo. El apóstol Pablo comenta en sus cartas que debemos escudriñarlo todo y retener lo bueno. Esto es, examinar lo que se nos dice, o lo que leemos, y al final, escoger lo que tenga buen propósito para nuestras vidas. Sin embargo, nuestro sistema social nos lleva, en particular a los hombres, a reaccionar o defendernos en lugar de escuchar con detenimiento antes de expresar determinada posición. En un mundo donde se glorifica más el ímpetu y la energía de la juventud, podemos recordar que no hay sustituto para la experiencia; y ésta se obtiene con el tiempo, las oportunidades y los fracasos. Todavía hoy el Toro necesita crecer y aprender mucho sobre béisbol, sobre Dios, sobre la vida. Sin duda tiene un futuro prometedor tan solo por esta herramienta de saber escuchar con discernimiento. Recordemos que Dios, por alguna razón sabia nos dio una boca para hablar y dos oídos para escuchar. Nos cuenta el Toro que tuvo entrenadores con estilos enfocados en las cosas negativas. Pero él supo capitalizar esos momentos difíciles y no enfocarse en las carencias y si en las oportunidades que habrían de llegar y que ya estaban. También, el Toro nos modela la importancia de escucharnos a nosotros mismos (recordemos que el Espíritu nos acompaña en todo tiempo). Esto lo vemos en su estadía en las Ligas Menores. Cuando los ejecutivos de la organización habían decidido que debía quedarse en la Doble A, él luchó en contra de todo pronóstico porque sabía que su camino era la cima, así lo sentía en su interior, así lo declaró, y así fue.

3. **CUANDO SE ENTRENA EN CUALQUIER DISCIPLINA PODEMOS TRABAJAR DE FORMA INTEGRAL, EL FÍSICO, LAS EMOCIONES, EL CARÁCTER (ÉTICA) Y EL ESPÍRITU.**

Ya hemos visto que el entrenamiento del Toro como pelotero corrió paralelo con su desarrollo espiritual, en especial gracias a la pertinencia del ministerio de los Exploradores del Rey. Su etapa entre los 15 a 17 años fue una etapa crucial en su vida y por demás determinante. El apóstol Pablo hace hincapié en que el cuerpo es el templo de Dios. También expresa que debemos presentar nuestros cuerpos en sacrificio vivo que es el verdadero culto que podemos ofrecer. Por lo cual el crecimiento puede ser un asunto integral y no algo que podemos realizar desintegrando aspectos de nuestra vida que están ligados unos a otros. Esta verdad es muy importante al momento del desarrollo de cualquier área de la vida, ya sea el deporte, la profesión, el oficio, en fin, todo. El Toro y Julio sabían que esto era importante y lo incorporaron en todo momento en su proceso de crecimiento. Para el Toro, todo tiene que ver con Dios, y sus emociones y pasiones, bien encauzadas, tienen un fin: la Gloria de Dios.

4. **PODEMOS ACEPTAR QUE LA REVELACIÓN DEL PROPÓSITO DE DIOS PARA NUESTRA VIDA ES UN ASUNTO PROGRESIVO.**

Al preguntarle al Toro si, al llegar a las Grandes Ligas, tuvo el deseo de volver a Venezuela, él me respondió que estando allí comprendió cuál era el propósito divino para su vida. Luego de una lucha que comenzó en las olvidadas calles de Cumboto II, con la sola herramienta de la fe y la voluntad, siete años después, podía mirar atrás para afirmar: "Ebenezer, hasta aquí me ha ayudado Dios". El apóstol Pablo afirma que el ser humano fue creado por Él y para sus propósitos. Sin embargo, sabemos por el desarrollo humano cómo algunas personas transitan por la vida sin propósito alguno definido. Siempre le vamos a servir a algo en la vida, aunque no seamos conscientes. En no pocas ocasiones, gastamos energías innecesarias con tal de no reconocer que nuestras vidas cobran sintonía y armonía cuando damos una oportunidad de obrar a nuestro Arquitecto, el Señor revelado en el Cristo que camina, queramos o no, estemos de acuerdo o no, todos los días con su creación.

5. **Siempre podemos aprender de las experiencias negativas.**

Ante las experiencias negativas desfallecer no fue una opción para Carlos, más bien esperar el tiempo oportuno de la cosecha. Ir rumbo al fruto y no necesariamente a las cosas malas y dejarlas sin ninguna relevancia para su desarrollo humano. Recordemos que el Toro absorbió muchos momentos que podemos clasificar como negativos ante los cuales mucha gente se rinde. Por ejemplo, la subestimación de los suyos, la lucha por integrarse en Estados Unidos en las Ligas Menores, la experiencia con el entrenador de lanzadores de los Cachorros en el equipo mayor. Los múltiples rechazos y todas las demás piedras que no están escritas en estas páginas, fueron parte del éxito del Toro de hoy. No importa lo que la vida nos trae siempre nos podemos beneficiar. Si vivimos bajo la creencia que todo puede obrar para bien, como es el caso del Toro, podremos comprender que somos instrumentos de algo más supremo, que está por encima de nosotros; que nos ha escogido para un camino mucho más abundante. Y, en esta recompensa, el Toro nos modela que las experiencias negativas son ingredientes necesarios.

6. **Nuestra personalidad es parte de lo que Dios utiliza para cumplir su Plan.**

Dios nos regaló la personalidad que tenemos, por lo que no la debemos sustituir para agradar a otras personas. Nadie se merece que uno cambie el molde que el Señor nos ha dado; somos demasiado valiosos para Él. Las experiencias de la vida, viéndolo en justa perspectiva, nos conforman, si lo queremos, a su imagen. Algunos, con gran amor, se pueden preocupar por el temperamento del Toro, pero es importante comprender que él es así en el juego, y será Dios quien le dirá lo que deba cambiar. El Toro goza de una personalidad que puede parecer descontrolada o muy pasional. Esto lo ayuda al reto, como ocurrió con su entrenador de pitcheo en Grandes Ligas, y es lo que lo mantiene enfocado. Si no es así, si no coge las cosas a pecho, definitivamente, no es el Toro. Esta realidad nos debe ayudar a reflexionar sobre la manera en que aceptamos o no aceptamos nuestro ser latino o nuestro ser anglosajón, o nuestra raza, color o condición socio-económica de origen; o sencillamente, nuestra personalidad. Por otro lado, no podemos rechazar rasgos de personalidad, como ser extrovertido o tímido. Cada raza y personalidad trae consigo rasgos y costumbres únicas y dignas de respeto y celebración. El Toro nos recuerda que basta mirarnos unos a otros sin insistir en nuestras diferencias sino contemplarnos en actitud de celebración.

7. **PODEMOS ENFOCAR, SIN ESCONDER, NUESTROS PENSAMIENTOS DE MIEDO FRENTE A LOS GRANDES RETOS.**

Durante el tiempo en que el Toro estuvo en las Ligas Menores hubo momentos en los que no quería regresar a Estados Unidos. Según cuenta Julio Figueroa, en no pocas ocasiones, el Toro perdió vuelos intencionalmente; se sintió que no podría cumplir la tarea. No es hasta un juego en el que lanzó contra los Rangers de

Texas (interligas), en el que dominó a Alex Rodríguez, que declaró con serenidad y orgullo propio: "yo pertenezco a este lugar... si yo dominé a Alex, yo puedo lanzar en Grandes Ligas". Esa tarde de la temporada de 2004, fue el día de su vindicación personal. Lo importante es plantear que esos sentimientos fueron canalizados adecuadamente al punto que hoy tenemos ante nosotros una estrella que es símbolo, por su lucha, en todo el sentido de la palabra. Cuando tenemos la oportunidad de orientar adecuadamente nuestros temores y miedos, podemos recibir en el momento oportuno una palabra de fuerza y esperanza. Qué hubiera pasado si el Toro se hubiera arrepentido a mitad de camino. Pasará esto con otros peloteros que tal vez le prestan más importancia a sus sentimientos negativos, o no tienen gente a su lado que les motiven a seguir adelante. No podemos dar demasiada importancia a las ideas negativas que amenazan nuestras más altas aspiraciones. Podemos, por medio del valor propio, y el poder de la fe entender que hasta el miedo puede ser usado a beneficio nuestro. El desafío ante nosotros es ciertamente enfocar, conocer y dialogar con nuestros miedos y luego en el momento preciso... dejarlos ir.

8. Podemos tener confianza en las herramientas que Dios nos regala.

El Toro confía en demasía en sus lanzamientos, en su valía. No menosprecia a nadie y se arrepiente si en algún momento da una mala impresión, pero él va de frente, sabiendo, como el Rey David, que Dios va al frente. Si hace un buen trabajo lo celebra. Si luego de hacer alarde de victoria y pierde un partido o sencillamente no hace el trabajo para darle una victoria al equipo, él se lo relaja, destacando su lado alegre de las calles caribeñas de Puerto Cabello. Es sorprendente la justa medida de confianza que el Toro demuestra en sus pitcheos. Nos recuerda la experiencia de David en su encuentro con Goliat (*1 Samuel 17*). Cuando el rey, en su etapa de pastor, decide enfrentarse a quien se había atrevido a amenazar al ejército del Dios viviente, rechazó las armas que le ofreció el rey Saúl. El pastor de ovejas buscó el arma que conocía y dominaba, la onda. David estaba seguro que con cada piedra que lanzara derrumbaría al gigante porque iba en el nombre del Señor. El Toro proyecta esa confianza porque es certeza, más que superstición. Él sabe de donde viene su don y quién merece la gloria... su vida lo testifica.

CAPÍTULO 8

NOVENA ENTRADA
(PALABRAS FINALES)

*"Don Leopo se lo dije.
Ese toro era padrote de nación;
no nació pa' yugo…"*
El Josco

La comunidad latina en Estados Unidos ha crecido a pasos sin precedentes en los últimos veinte años. De acuerdo con el censo del año 2000, la minoría más numerosa en esta nación es la llamada "hispana" con un total de 36.9 millones de personas. Chicago perfila entre las primeras tres ciudades con mayor población y con una población latina de más de medio millón de personas que han hecho de ésta su hogar de vida.

De igual manera, muchas veces es dura la vida para el latino en la diáspora, fuera del alcance de los seres más queridos y del calor de su tierra. Se trata muchas veces de la vida en terreno hostil donde sectores más conservadores impulsan medidas legislativas para tratar de detener el crecimiento ya incontrolable y cerrar las fronteras. A la misma vez, son estas llamadas minorías quienes mantienen con su mano de obra la producción que permite que fluya la economía proteccionista. Al día de hoy estamos hablando de cerca de once millones de inmigrantes indocumentados que aportan a la economía anglosajona cerca de veinte mil millones de dólares anualmente.

El Toro de Venezuela es un ejemplo de superación para toda la comunidad latina en ese país y en toda Latinoamérica. Aunque no es un indocumentado, ni nunca lo ha sido por razones obvias, la vida y el desarrollo que ha tenido hasta la fecha, su convicción inquebrantable hacia Dios y su impenetrable deseo de lucha y superación se convierte en esperanza para otros que sin talentos para el deporte, pero sí con preciosos dones de Dios, puedan identificar su carisma y desarrollarlo para el provecho de sus vidas, sus familias y su tierra.

Carlos Zambrano ha sabido caminar como un escogido de Dios. Sin ser perfecto, ha sabido dónde poner la mira, siendo rico no olvidarse de la pobreza de su gente y mostrar la riqueza de su gente a la pobreza del mundo que a veces no comprende que es más importante vivir para Dios y su justicia que vivir únicamente para el interés personal.

Dickson Hernández, uno de sus grandes amigos desde la infancia, dijo sobre el Toro lo siguiente: "Yo siempre vi en Carlos aparte de un amigo, a un líder. Cuando se propone algo él lo logra, con la ayuda de Dios. Él tiene siempre presente a Dios… Cuando comencé a laborar en la empresa donde estoy ahora se me hizo muy difícil y complicado entrar. Logré entrar por un milagro y me siento bien orgulloso de eso. He logrado tener mi familia, estabilizarme y ser mejor persona inspirado en lo que Carlos ha podido lograr… Él quiere conquistar a Puerto Cabello y va a poner su granito de arena para que eso ocurra… Cada vez que regresa de Chicago nos busca, siempre ha sabido lo que es humildad, nunca nos ha dado la espalda y sabe que no lo vamos a decepcionar. Él quiere llevar el mensaje a los demás por medio del deporte y la predicación. Él dice: "Si Dios me bendijo a mí, yo voy a bendecir a los demás".

***

Finalizo esta historia con una nota personal a Carlos Zambrano...

El ejercicio de tu carisma te impone una gran responsabilidad. Tú has logrado lo que mucha gente todavía lucha por alcanzar: encontrar su don y caminar en pos de él para la edificación de seres humanos en cualquier ámbito. Tus logros en el deporte te imponen una preciosa carga. Carga que no es diferente de otros atletas exitosos, aunque éstos no se percaten de ello. La diferencia entre tú y los demás no son tus gestos en la lomita que apuntan a tu Redentor, es la profundidad en tu testimonio lo que te engrandece, mucho más allá que los logros, los numeritos o los jugosos contratos que tienes y tendrás.

La validez de esto radica en tu capacidad de mantener tu sentido de justicia, de amor a tu gente y a aquellos que, como tú, no tuvieron voz. Tienes el potencial de ser voz al que no ha sido escuchado por las estructuras de desigualdad; esperanza para el que no la tiene, aliento para el que no le queda. Y todo esto es el fruto del Espíritu obrando a favor de los menospreciados, de los indignos; aquellos por quienes primeramente murió Jesús.

Aquí radica tu verdadera grandeza... Toro de Venezuela.

CAPÍTULO 9

ESTADÍSTICAS DE CARLOS ZAMBRANO

Carlos Alberto Zambrano López

Estatura:
6-5

Peso:
255 lbs.

Fecha de nacimiento:
1 de junio de 1981

Batea:
Ambidiestro

Lanza:
Derecho

Lugar de nacimiento:
Puerto Cabello, Estado Carabobo, Venezuela

Debut:
20 de agosto de 2001 con los Cubs de Chicago

Firmado originalmente:
Cubs de Chicago

Educación:
Escuela Unidad Educativa Creación
en Puerto Cabello, Venezuela

Formación Cristiana:
Iglesia Evangélica Pentecostal Monte Horeb

DATOS IMPORTANTES DE LAS LIGAS MENORES

I. LIGAS MENORES

Año	Equipo	ERA	W-L	J	JC	S	ENT.	K
2002	Chicago CubsNL	3.66	4-8	32	16	0	108.1	94
2002	IowaAAA	0.00	0-0	3	3	0	9.0	2
2001	Chicago CubsNL	15.26	1-2	6	1	0	7.2	11
2000	IowaAAA	3.97	2-5	34	0	0	56.2	54
2000	WestTenn.AA	1.34	3-1	9	9	0	60.1	39
1999	Lansing A	4.17	13-7	27	24	2	153.1	150
1998	AZLCubsR	3.15	0-1	14	2	0	40.0	39
Total	AAA	3.74	12-10	63	28	1	216.1	180
	AA	1.34	3-1	9	9	0	60.1	39
	A	4.17	13-7	27	24	2	153.1	150
	R	3.15	0-1	1	14	2	0	40.0

II. DATOS IMPORTANTES DE LAS LIGAS MENORES[11]

1998
Comenzó su carrera profesional con el equipo Cubs Mesa (Rookie), donde obtuvo récord de 0-1, con 1 juego salvado

---

[11] Tomado de: www.cubs.mlb.com. Traducción nuestra.

y 3.15 ERA en 14 juegos. Tuvo dos juegos iniciados. No permitió jonrones en 40.0 entradas de juego.

1999
Lanzó su primera temporada completa con récord de 13-7 y efectividad de 4.17 en 27 juegos para Lansing (Clase A). Tuvo la mayor cantidad de juegos ganados en el equipo y empató para el segundo mejor récord entre los lanzadores de ligas menores de los Cubs. Permitió 9 jonrones en 153.1 innings de trabajo.

2000
Alcanzó el nivel de Triple-A a la edad de 19 años, haciendo 34 apariciones como relevista para Iowa (AAA) luego de comenzar la campaña en la rotación de iniciadores de West Tenn (AA).

En West Tenn, por su parte, tuvo récord de 3-1 con efectividad de 1.34 en 9 inicios; en los cuales permitió 39 hits en 60.1 innings, manteniendo a los oponentes en un tímido promedio de bateo de .181 (39-216).

Comenzó el año siendo el jugador más joven en Doble A y al momento de su promoción era el líder en efectividad.

Estuvo participando en el bullpen de Iowa después de la promoción de Mayo 27 – 5 días antes de su cumpleaños 19 – terminó con récord de 2-5, con 6 salvados y 3.97 ERA.

Obtuvo su primera victoria en Iowa el primero de julio en Memphis, lanzando 3.0 entradas sin permitir carreras. Bateó su primer cuadrangular (al lanzador Dave Wainhouse).

Trabajó, al menos 3.0, innings en 4 salidas viniendo del bullpen.

Después de la temporada fue seleccionado como el séptimo mejor prospecto en la Liga de la Costa del Pacífico por la revista Baseball America. También fue escogido al Howe Sportsdata all-prospect and all-teen teams.

Fue operado en la rodilla izquierda el 20 de septiembre (por el Dr. Michael Schafer).

2001
Carlos tuvo su primera actuación en Grandes Ligas, con récord de 1-2 en 6 juegos para los Cubs (1 inicio y los demás como relevista). Pasó el mayor tiempo de la campaña en la rotación iniciadora de Iowa (AAA).

Los Cubs adquirieron su contrato de Iowa el 20 de agosto para comenzar su primer juego contra Milwaukee (doble juego). Luego, fue reenviado a las Menores y regresó a las Mayores el 9 de septiembre al terminar la temporada en Iowa.

Perdió en su debut en las Grandes Ligas (10-2), permitiendo 7 carreras y 4 hits en 4-plus innings. Sin embargo, no permitió incogibles hasta el 4to inning.

Realizó su primera aparición en relevo el 19 de septiembre, ante los Rojos en Cincinnati, donde no permitió anotaciones.

Obtuvo su primera victoria en su próxima aparición septiembre 21, ante los Astros en Houston (12-4).

En 26 juegos para Iowa –incluyendo 25 inicios– tuvo registro de 10-5 con efectividad de 3.88. Su total de ponches fue de 155, tercera mejor cantidad en la Liga de la Costa del Pacífico.

Permitió sólo 9 jonrones (1 cada 16.7 innings) mientras contuvo a los bateadores de la Liga de la Costa del Pacífico en récord de .226 (124-549).

Después de sus primeros once inicios, su efectividad se mantuvo en 4.38 (31 ER/63.2 IP). Comenzando junio 14, permitió 34 carreras limpias y 64 hits en 87.0 entradas para una efectividad de 3.52.

El 8 de junio en victoria 11-7 frente a Las Vegas, bateó su segundo cuadrangular como profesional.

Se ganó el honor de ser el Lanzador de la Semana de la Liga de la Costa del Pacífico para la semana que terminó el 12 de agosto, al compilar registro de 2-0 con 0.00 ERA en 2 inicios. Fue seleccionado al equipo de prospectos Todos Estrellas de la prestigiosa revista "The Sporting News".

GRANDES LIGAS

2002

Carlos pasó la mayor parte de la primera mitad de la temporada en el bullpen – y toda la segunda mitad en la rotación de iniciadores... en 32 juegos (16 inicios), acumuló récord de 4-8 con efectividad de 3.66 y 93.0 entradas lanzadas.

Limitó a sus oponentes a un promedio de .235... Permitió 9 home runs en 108.1 innings.

Trabajó al menos 6.0 innings en 9 de sus salidas, en las cuales permitió 12 carreras limpias y 37 hits en 62.0 innings de trabajo para efectividad de 1.74.

Trabajó menos de 6.0 innings en 7 salidas... en los cuales tuvo 7.55 ERA (26 ER/31.0 IP).

Vio acción en 16 juegos saliendo del bullpen, se fue de 0-0 con 3.52 ERA en 15.1 innings... Retiró el primer bateador que enfrentó en 10 de sus apariciones y dejó en base a 9 de sus 13 corredores no merecidos.

Comenzó el año en Iowa (AAA), pero fue reclamado en abril 11 a tomar el lugar del lesionado Kyle Farnsworth ... había lanzado en 1 juego en Triple-A, 3.0 innings en blanco, en abril 7 vs. New Orleans.

Se unió a la rotación de iniciadores en julio 1 en Florida, perdiendo en puntuación de 11-1... en su segunda salida, trabajó 4.2 innings y permitió 6 hits y 6 carreras (2 limpias).

Ganó su primer juego como iniciador en julio 6, en Atlanta (7-3)... permitió 2 hits en 5.0 innings en blanco y ponchó a 6 bateadores.

Venció a los Bravos nuevamente en su próxima salida, el 15 de julio en Wrigley Field (3-2), trabajando 7.0 innings.

Tuvo derrotas por mala suerte en julio 20 contra Houston (3-2), trabajando 7.0 innings y permitiendo 3 hits, 3 carreras y 1 base por bola ponchando a 10 bateadores.

Sufrió otra derrota dolorosa en agosto 9 en Colorado, en solo el segundo partido en la historia del Coors Field... trabajó 7.0 innings y permitió 4 hits, 1 carrera y ninguna base por bola mientras ponchaba a dos bateadores... luego de permitir hits consecutivos para comenzar el primer inning, retiró 20 de los finales 22 bateadores que enfrentó.

Fue opcionado a Iowa agosto 31 y reclamando nuevamente en septiembre 3.

El 4 de septiembre contra Milwaukee, se combinó con Antonio Alfonseca para blanquear a los Brewers 3-0.

Trabajó 8.0 innings y permitió 3 incogibles, y ponchó a 6... tuvo no hitter por 4.1 innings.

Registró su primer hit, un doble a Nelson Figueroa... había comenzado su carrera con 0 hits en 22 turnos.

Hizo su final aparición de la temporada ante Cincinnati, y sufrió una pérdida de 1-0... la tercera vez que los Cubs eran blanqueados en inicios suyos.

Estuvo en la lista de lesionados de mayo 10 a junio 6 con un "partial ulnar collateral ligament sprain of his right elbow" ...sufrió la lesión durante aparición en relevo ante Milwaukee el 9 de mayo.

III. LIGAS MENORES

Estadísticas de pitcheo

SEASON	W	L	ERA	G	CG	SHO	IP	H	R	ER	HR	BB	SO
2001	1	2	15.26	6	0	0	7.2	11	13	13	2	8	4
2002	4	8	3.66	32	0	0	108.1	94	53	44	9	63	93
2003	13	11	3.11	32	3	1	214.0	188	88	74	9	94	168
2004	16	8	2.75	31	1	1	209.2	174	73	64	14	81	188
2005	14	6	3.26	33	2	0	223.1	170	88	81	21	86	202
2006	16	7	3.41	33	0	0	214.0	162	91	81	20	115	210
2007	14	7	3.47	23	1	0	150.1	120	62	58	17	65	128
CAREER TOTALS	78	49	3.31	190	7	2	1127.1	919	468	415	92	512	993

Estadísticas de bateo

SEASON	G	AB	R	H	2B	3B	HR	RBI	TB	BB	SO	SB	OBP	SLG	AVG
2001	6	2	0	0	0	0	0	0	0	0	0	0	.000	.000	.000
2002	31	30	0	1	1	0	0	0	2	0	15	0	.033	.067	.033
2003	30	75	9	18	5	0	2	6	29	1	26	0	.250	.387	.240
2004	30	70	8	16	1	0	1	5	20	3	29	0	.257	.286	.229
2005	33	80	8	24	6	2	1	6	37	0	25	0	.300	.463	.300
2006	35	73	9	11	0	0	6	11	29	1	27	1	.160	.397	.151
2007	24	55	7	16	1	0	2	5	23	0	18	0	.291	.418	.291
CAREER TOTALS	189	385	41	86	14	2	12	33	140	5	140	1	.232	.364	.223

IV. DATOS SOBRESALIENTES

2003

Carlos tuvo su primera temporada completa en grandes ligas, tuvo 13-11 con 3 juegos completos y 3.11 ERA.

Finalizó 7mo en la Liga Nacional en ERA y 8vo en entradas lanzadas (214.0).

Finalizó 8vo en la Liga Nacional con ERA en la carretera de 3.22, y fue 8vo en casa en ERA con 3.00, al igual que Mark Prior.

Sólo dos Cubs en 30 temporadas han finalizado una temporada en la Liga Nacional Top 10 en ERA en casa y en carretera - Rick Reuschel (1977) and Greg Maddux (1992).

Desde que comenzó en la rotación principal previo al Juego de Estrellas del año 2002, tenía 3.28 ERA en 48 inicios (112 ER/307.0 IP).

Su esposa, Ismary, dio a luz a su segunda chica - Catherine – en mayo 8.

En 13 inicios, luego del receso de Juego de Estrellas, compiló récord de 7-3, con tres juegos completos y efectividad de 2.51 (26 ER / 93.1 IP). Permitió cinco home runs.

Ganó cinco juegos consecutivos entre julio 20-agosto 12... la primera racha de su carrera.

En los primeros dos inicios, después del receso de Juego de Estrellas, permitió una carrera limpia en 14.2 innings y bateó de 7-4 con un home run y 4 RBI.

Frente a los Marlins de Florida en julio 20, donde permitió una carrera en 6.1 innings, bateó de 4-3 con un doble y dos RBI. Éste fue el primer juego multi-hit de su carrera.

Lanzó su primer juego completo (una blanqueada) en su carrera en victoria de 3-0 sobre Houston agosto 12. Permitió 5 hits y 2 bases por bolas; ponchó a 10 bateadores, empatando el máximo en su carrera.

En su victoria 4-1 en agosto 22 ante Arizona, coqueteó con el no-hitter – lanzando sólo 93 tiros en su segunda jornada completa. Permitió 3 hits, 1 carrera y 2 bases mientras abanicó a 4 batedores.

Lanzó en la primera aparición de los Cubs en el Estadio Hiram Bithorn en San Juan el 9 de septiembre, trabajando 7.0 innings, derrotando a Montreal 4-3.

Permitió sólo 9 homers en 214.0 innings de trabajo – un promedio de 1 home run cada 23.8 innings.

El único lanzador (de temporada completa) que permitió menos de 10 home runs en la temporada fue el serpentinero de Boston Pedro Martínez (7 en 186.2 innings).

Desde el 1950, el otro único iniciador de los Cubs en trabajar más de 200.0 innings y permitir menos de 10 homers fue Greg Maddux en 1992 (7 homers in 268.0 innings).

Permitió 6 carreras ante St. Louis en mayo 9, 5 carreras en 6.0 innings en junio 6 contra los Yankees, 5 carreras en 6.0-inningsv en julio 3 ante Philadelphia, 7 carreras en 5 o más innings en julio 13 ante Atlanta, y 9 carreras (6 limpias) en 4.2 innings en septiembre 19 en Pittsburgh.

Su efectividad en los restantes 27 inicios fue de 2.19 (45 ER/185.0 IP).

Dio dos home runs a ambos lados del plato – uno a lo derecho (mayo 3 de manos de Darren Oliver) y uno a lo zurdo (julio 25 ante los envíos de Wade Miller)... el primer lanzador de los Cubs que logra la hazaña.

A los 21 años de edad, al día de comienzo de temporada, Zambrano fue el pelotero de roster más joven en aparecer desde que Greg Maddux apareciera a la edad de 20 años de edad en 1987.

El 3 de mayo, ante Colorado, bateó su primer home run en Grandes Ligas y el tercero en su carrera como profesional; un home run solitario en el cuarto inning.

Alcanzó su quinta victoria el 25 de mayo en Houston (7-3). Había ganado sólo cuatro juegos el año anterior.

En junio 22 ante los White Sox, permitió 1 carrera en 8.0 innings, en victoria de 2-1.

2004

Carlos – fue honrado con su selección al Juego de Estrellas en sólo su tercera temporada completa en las Mayores, ganó 16 juegos y tuvo efectividad de 2.75 (máximos en su carrera). Terminó cuarto en la Liga Nacional en ERA y empate en el quinto lugar en juegos ganados. Terminó sexto en promedio de bateo del oponente (.225), octavo en ponches (188) y ponches por 9.0 innings (8.1) y empató en el noveno lugar en bases por bolas (81). Fue tercero en ERA en juegos en casa (2.38), sexton en ERA en la carretera (3.13) y segundo en ERA en juegos durante el día (2.01)... sobrepasó la marca de 200 entradas lanzadas por segunda ocasión consecutiva (214.0 innings en 2003 y 209.2 innings en 2004). Mantuvo a bateadores derechos en promedio de .218 y .198 en juegos en casa. Tuvo récord de 10-2 en 15 juegos en Wrigley Field. Fue seleccionado como lanzador del mes en la Liga Nacional en el mes de septiembre, al acumular marca de 4-0 con 1.01 ERA (4 ER/35.2 IP) en cinco inicios... ponchó a 28 bateadores y otorgó 11 bases por bolas; mantuvo al oponente en promedio de bateo de .211... trabajó al menos 7.0 innings en cuatro de los cinco juegos y los Cubs tuvieron récord de 5-0 cuando él inició. Tuvo récord de 9-4 con 2.61 ERA, en la primera mitad de la temporada cuando fue seleccionado a su primer Juego de Estrellas... A sus 23 años y 43 días de edad, Zambrano fue el jugador de los Cubs más joven que jamás haya jugado en el clásico de verano. Trabajó 6.0 o más entradas en 26 de sus 31 inicios, incluyendo la segunda blanqueada de su carrera... lanzó un juego de dos hits el 7 de mayo, ante Colorado (11-0)... Matt Holliday bateo sencillo en el quinto inning siendo el primer hit... Aaron Miles dio el otro hit en la novena, los únicos imparables del juego para los Rockies. Coqueteó nuevamente por segunda ocasión en su carrera con el no-hitter el 23 de agosto contra Milwaukee... Geoff Jenkins bateó doble en el 7mo. inning...finalizó permitiendo 3 carreras en 4 hits y ponchó a 9 en la victoria 8-3... Bateó su tercer home run el 17 de septiembre, en Cincinnati... home run solitario ante Mike Matthews en victoria de los Cubs 12-1...permitió sólo una carrera en sus 7.0 entradas de trabajo.

2005

Zambrano acumuló 200 ponches por primera vez en su corta carrera. El 22 de julio, Zambrano y Chris Carpenter (San Luis) lanzaron duelo de nueve entradas cada uno. Big Z ponchó a 12, promedio más alto por juego mientras permitía una carrera. Los Cubs ganaron en entradas extras. Tuvo récord de 8-2 con efectividad de 2.65 durante la segunda mitad de la temporada.

Desde que entró en la rotación oficial de los Cubs, previo al 2002 (all star), Carlos ha acumulado una efctividad de 3.07 en 79 inicios (176 ER/516.2 IP) – con un promedio de mas 6.5 innings por salida...fue seleccionado al National League All-Star por primera ocasión en el 2004... Fue el cachorro más joven en la historia de la franquicia en lanzar en un Juego de Estrellas... Fue reconocido como el lanzador del mes de la Liga Nacional para el mes de septiembre en 2004... cuando hizo su debut en Grandes Ligas a la edad de 20 años, en Agosto 20, 2001, se convirtió en el primer jugador nacido durante la década de los 1980s en aparecer en un juego para los Cubs.

Tabla comparativa de estrellas activas del montículo

PRIMEROS CINCO AÑOS DE LOS MEJORES	W	L	G	E.R.A
Carlos Zambrano	48	35	134	3.26
Roger Clemens	78	34	140	3.19
Wilson Álvarez	35	22	100	3.78
Randy Johnson	49	48	159	4.24
Steve Carlton	47	34	119	2.75
Freddie García	72	45	155	3.98
Johan Santana	43	18	151	3.98
Kerry Wood 2001-2005	49	41	142	3.63
Mark Prior 2002-2005	41	23	97	3.36
Josh Beckett	41	34	106	3.46
Pedro Martínez	48	31	154	3.09